日本人口老龄化与老年人力资源开发

丁英顺 著

THE AGING PROBLEM AND THE DEVELOPMENT OF ELDER HUMAN RESOURCES IN JAPAN

中国社会科学出版社

图书在版编目(CIP)数据

日本人口老龄化与老年人力资源开发 / 丁英顺著. —北京：中国社会科学出版社，2016.11

(国家智库报告)

ISBN 978-7-5161-9110-1

Ⅰ.①日… Ⅱ.①丁… Ⅲ.①人口老龄化—研究—日本②老年人—人力资源开发—研究—日本 Ⅳ.①D731.386

中国版本图书馆 CIP 数据核字(2016)第 252839 号

出 版 人	赵剑英
责任编辑	王 茵
特约编辑	张 潜
责任校对	张依婧
责任印制	李寡寡

出 版	中国社会科学出版社
社 址	北京鼓楼西大街甲 158 号
邮 编	100720
网 址	http://www.csspw.cn
发 行 部	010-84083685
门 市 部	010-84029450
经 销	新华书店及其他书店
印刷装订	北京君升印刷有限公司
版 次	2016 年 11 月第 1 版
印 次	2016 年 11 月第 1 次印刷
开 本	787×1092 1/16
印 张	6.5
插 页	2
字 数	70 千字
定 价	29.00 元

凡购买中国社会科学出版社图书，如有质量问题请与本社营销中心联系调换
电话：010-84083683
版权所有　侵权必究

摘要： 随着人口老龄化的不断加剧，开发老年人力资源已成为社会普遍关注的重要问题之一。社会依靠老年人的技能、经验和智慧，不但能改善老年人的生活条件，而且还能解决由人口老龄化带来的劳动力不足的问题。日本是世界上人口老龄化程度最高的国家，已进入人口减少和超老龄社会。日本人口老龄化不仅意味着老年赡养负担的加重，而且带来劳动力不足的问题。对于劳动人口不断减少的日本来说，如何将老年人转化为老年人力资源，显然是亟待解决的重大课题。面对日益严重的少子化、高龄化问题，日本政府和企业界不断创新，从立法、政策、管理等角度展开了诸多开发老年人力资源的实践，发挥了积极的作用。特别是，日本将开发老年人力资源确立为最重要的劳动雇用政策之一，开始尝试通过逐步延迟退休年龄的方式，促进老年人的就业与再就业。在20世纪70年代，日本一般企业的退休年龄是55岁。但随着少子老龄化的不断加深，日本一直在逐步地延迟退休年龄。尤其是2007年以来，日本的人口进入了负增长期，受此影响，日本的社会福利保障体系已经接近最大负荷。为了缓解人口老龄化给社会发展带来的巨大压力，制定《高龄者雇用安定法》，采取延迟退休年龄制度便是日本政府推出的重要举措之一。目前，中国的退休政策是20世纪50年代初确定的，当时人口的平均预期寿命不到50岁，而现在已达到75岁，其中城市人口平均年龄已经达到80岁，而平均退休年龄还不到55岁，这显然是不合理的。因此，制定相关政策，逐步延迟退休年龄，开发老年人力资源是大势所趋。而日本的经验可以为中国解决人口老龄化问题及开发老年人力资源方面提供借鉴与参考。

关键词：人口老龄化；人口结构；老年人力资源；《高龄者雇用安定法》；养老金制度改革

Abstract: As the aging problem becomes much more severe than before, the development of elder human resources has become the spotlight issue nowadays. If the society relies on elders' skill, experience and intelligence, it can not only improve the elders' living condition but also polish up the problem of insufficient workforce that is due to the aging problem. Japan is the country with the highest degree of aging population in the world. Its population is decreasing now, and it has already turned to a super aging country. The aging problem in Japan means both the more burden of supporting the elders and the insufficient workforce. As to Japan, how to change the elders into the elder human resources is the most emergent problem. Facing the reality of lack of children and the aging problem, the Japanese government and enterprises tries their best, from the aspect of legislation, polity and management to innovate the way of exploiting the elder human resources, which plays a positive role. Especially, Japan set the exploitation of elder human resources as one of the most important labor employment policy. And they try to extend the age of retirement gradually to stimulate elders' employment as well as re-employment. In 1970s, the retirement age in common Japanese enterprises is 55. However, as the lack of children and the aging problem become serious, Japan is gradually extending the retirement age. Especially since 2007, the population in Japan tends to reduce, because of this situation, the welfare system in Japan has already approached to its highest load. In order to release the social pressure brought by the aging problem, Japan launched the policy called "*Employment Stabilization Act of the Elderly*", which is one of the most important policy Japan used to extend the retirement age. The retirement policy China runs today was launched in 1950s, when the expected average longevity was lower than 50. However, it has already turned to 75, and the average longevity in cities nowadays is 80, while the average retirement age is less than 55. Obviously, it's not reasonable. So, setting related policy, gradually extending the retirement age and developing the elder human resources is the tendency now. The experience of Japan can be the reference for our aging problem and the development of elder human resources.

Key Words: the Aging population; the population structure; elder human resources; *Employment Stabilization Act of the Elderly*; the revolution of pension system

目 录

第一章 日本开发老年人力资源的背景 …………（1）
  一 人口结构变化的压力成为日本开发老年
    人力资源的主要推手 ………………………（2）
  二 养老金制度的改革是日本开发老年人力
    资源的直接原因 ……………………………（15）
  三 平均寿命延长、老年人乐于工作为日本
    开发老年人力资源提供有利条件…………（21）

第二章 日本开发老年人力资源的制度建设………（26）
  一 日本确立和强化相关法律法规制度…………（27）
  二 日本促进健康老龄化，保障老年人参与社会
    活动 …………………………………………（35）

三　日本实行不拘一格的退休机制 …………………（42）

　四　安倍政府开发老年人力资源的政策动向 ……（48）

第三章　日本老年人就业再就业状况 …………………（56）

　一　日本企业积极推进老年人就业再就业工作 …（57）

　二　日本老年人就业率及职业选择 ………………（61）

　三　日本开发老年人力资源存在的问题及对策 …（70）

第四章　对中国的启示与建议 …………………………（76）

　一　加强政策扶持力度，为老年人参与经济
　　　社会活动提供法律保障 ………………………（77）

　二　加强对老年人力资源的培训开发，搭建
　　　老年人的就业平台 ……………………………（80）

　三　积极推动老年志愿者活动，是促进老年人
　　　参与社会经济发展的重点 ……………………（82）

　四　促进老年人继续工作的同时，积极推动
　　　年轻人的就业，避免代际之间就业矛盾的
　　　发生 ……………………………………………（85）

参考文献 …………………………………………………（90）

第一章　日本开发老年人力资源的背景

20世纪70年代之后，日本老龄化进程日益加剧，人口结构发生变化，逐渐成为世界上老龄化程度最高的国家。日本人口结构变化不仅意味着老年人口增多，老年赡养负担加重，同时，少年儿童人口和劳动年龄人口逐渐减少，导致劳动力人口长期不足的现象。第二次世界大战后的人口结构的变化、养老金制度改革、平均寿命的延长是日本开发老年人力资源的主要背景。

一 人口结构变化的压力成为日本开发老年人力资源的主要推手

（一）日本人口动态

随着出生率的下降和平均寿命的延长，日本出现了人口减少及超老龄化现象。第二次世界大战后初期，日本社会稳定，一度出现出生率迅速上升的现象。1947—1949年出现了第一次生育高峰，这时候出生的人群就是后来人们所称的"团块世代"，他们对日本经济的发展产生了巨大影响，也构成了今天庞大的老年人群体。但1950年以后，日本就出现了出生率急速下降的现象。1955年的出生率由1947年的34.3‰急剧下降到19.4‰，出生率首次下降到20‰以下。日本在20世纪70年代初期进入老龄化社会，劳动力年龄结构老化趋势明显，年轻劳动力供给相对减少等问题日益突出。进入20世纪80年代后，日本出生率下降到15‰以下，此后一直保持在10‰以下，2013年日本出生率仅为8.2‰。2005年后日本进入了人口负增长阶段（参见表1）。日本出生率的下降不仅导致总人口的减少，而且带来了劳动年龄人口的减少和老年人口的增多。

表1　　　　　　　　　　日本人口动态

年份	出生率（‰）	死亡率（‰）	自然增长率（‰）
1947	34.3	14.6	19.7
1948	33.5	11.9	21.6
1949	33.0	11.6	21.4
1950	28.1	10.9	17.2
1955	19.4	7.8	11.6
1960	17.2	7.6	9.6
1965	18.6	7.1	11.4
1970	18.8	6.9	11.8
1975	17.1	6.3	10.8
1980	13.6	6.2	7.3
1985	11.9	6.3	5.6
1990	10.0	6.7	3.3
1995	9.6	7.4	2.1
2000	9.5	7.7	1.8
2005	8.4	8.6	-0.2
2010	8.5	9.5	-1.0
2011	8.3	9.9	-1.6
2012	8.2	10.0	-1.7
2013	8.2	10.1	-1.9
2014	8.0	10.1	-2.1
2015	8.0	10.3	-2.3

资料来源：『平成27年（2015）人口動態統計の年間推計』，第4页，http://www.mhlw.go.jp/toukei/saikin/hw/jinkou/suikei15/。

导致日本人口少子老龄化加剧的原因较多，而适龄人口初婚年龄推迟、总和生育率下降可谓是直接因素。在20世纪50年代中期到70年代中期大约20年的时间里，日本的出生率曾稳定在一定的水平，即维持在较为合适的人口替代水平上。这20年也是日本经济高速发展、国民生活水平明显提高的时期。这种稳定的状况从20世纪70年代后期开始发生了新的变化。1970年日本人口老龄化率达到了7%，进入了老龄化社会，1975年日本的总和生育率下降到1.91，首次低于2，此后一路下滑，1989年下降到1.57，这年被称为"1.57危机"。1995年日本总和生育率下降为1.42，创历史新低，2005年下降到1.26，创历史最低。虽然2010年回升到1.39，2015年进一步回升到1.46，比2014年增长了0.04个百分点，但远低于维持人口自然增长的2.07水平，预计日本人口仍将继续减少（参见表2）。

日本出生率的下降与女性对婚姻、工作、家庭、生育观念认识的变化有密切的关系。从20世纪90年代以后，随着女性受教育程度的提高和学历的提升，其参与经济活动的热情也不断提高。根据日本厚生劳动省的统计，1990年日本女性就业率在总就业率中所占的比率为

37.9%，2000 年增加到 40.0%，2014 年则达到了 43.5%（参见图1）。她们不仅要求独立年金权利，而且要求平等退休权，对退休年龄歧视和性别歧视提出了改革要求。

表2　　　　　　　日本出生数和总和生育率变化

年份	出生数（人）	总和生育率	年份	出生数（人）	总和生育率
1950	2337507	3.65	1995	1187064	1.42
1955	1730692	2.37	2000	1190547	1.36
1960	1606041	2.00	2005	1062530	1.26
1965	1823697	2.14	2010	1071304	1.39
1970	1934239	2.13	2011	1050806	1.39
1975	1901440	1.91	2012	1037231	1.41
1980	1576889	1.75	2013	1029816	1.43
1985	1431577	1.76	2014	1003539	1.42
1989	1246802	1.57	2015	1005656	1.46
1990	1221585	1.54			

资料来源：『平成 27 年（2015）人口動態統計の年間推計』，第3、4页，http://www.mhlw.go.jp/toukei/saikin/hw/jinkou/suikei15/。

2015 年数据来自『日本経済新聞』「出生率、2015 年は1.46に上昇 21 年ぶり高水準」，2015 年 5 月 23 日。

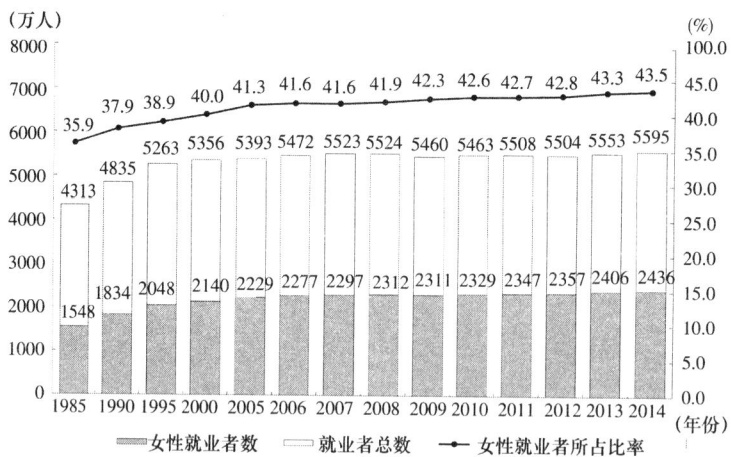

图1 日本女性就业率在总就业率中所占的比率

资料来源：厚生労働省「平成26年（2014）の働く女性の状況」，第10页，http://www.mhlw.go.jp/bunya/koyoukintou/josei-jitsujo/dl/14b.pdf。

同时，日本的晚婚晚育及未婚率也在不断上升。根据日本2013年《少子化社会对策白皮书》统计，日本男性初婚的平均年龄从1980年的27.8岁上升到2013年的30.9岁，同期日本女性初婚的平均年龄则从25.2岁上升到29.3岁；日本女性生育第一胎的平均年龄已达30.4岁，比2000年上升2.1岁。① 日本年轻人的未婚倾向也在进一步发展。未婚率的逐渐提高很大程度上影响了出生率的变化。根据日本内阁府2015年版《少子化社会对

---

① 内閣府：『少子化社会対策白書（2015年版）』，http://www.cao.go.jp/。

策白皮书》统计，日本25—29岁和30—34岁的男性未婚率分别从1950年的34.5%和8.0%，增加到2015年的72.5%和46.5%；25—29岁和30—34岁的女性未婚率分别从1950年的15.2%和5.7%，增加到2015年的61.0%和33.7%（参见图2、图3）。

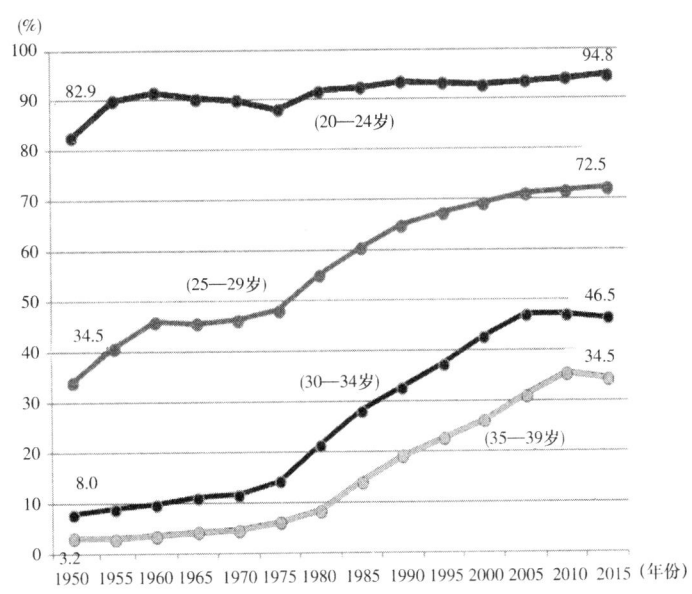

图2 日本男性未婚率的变化情况

资料来源：総務省统计局1950年，1955年，2015年『国勢調査——抽出速報集計結果』，http：//www.stat.go.jp/。

1960—2010年资料来自『少子化社会対策白書（2013年版）』，http：//www8.cao.go.jp/shoushi/shoushika/whitepaper/measures/w-2013/25pdfhonpen/pdf/s1-1.pdf。

8　国家智库报告

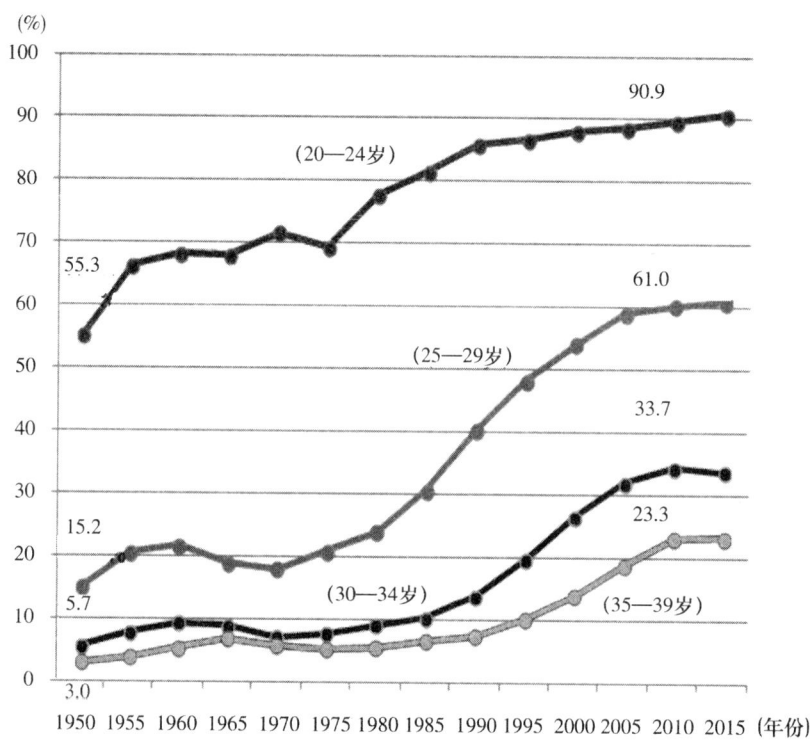

图3　日本女性未婚率的变化情况

资料来源：総務省統計局1950年，1955年，2015年『国勢調査——抽出速報集計結果』，http://www.stat.go.jp/。

1960—2010年资料来自『少子化社会対策白書（2013年版）』，http://www8.cao.go.jp/shoushi/shoushika/whitepaper/measures/w-2013/25pdfhonpen/pdf/s1-1.pdf。

（二）老年人口增多和老年抚养比的上升

在以上因素的影响之下，日本的人口老龄化不断加剧。根据1956年联合国发表的"人口老龄化及其经济社会含义"提出的标准，65岁及以上的老年人口在总人口中所占比重达到7%则称老龄化社会，达到14%则称老龄社会。日本的65岁及以上的人口，1970年已超过7%，进入老龄化社会；1994年达到14%，进入老龄社会。与欧美发达国家相比，日本步入老龄化虽然时间较晚，但其发展速度之快却为世界罕见。日本的老年人口从7%增长到14%仅用了24年，其老龄化速度目前高居世界之首。根据日本总务省公布的数据，截至2015年年底，日本65岁及以上的老年人口达到了3384万人，占总人口的比重创历史新高，为26.7%。其中80岁以上的老年人口数已经超过了1000万人。[①] 根据日本国立社会保障与人口问题研究所对未来的预测，2020年，日本75岁以上的"后期老年人"[②] 在总人口中所占的比率将达到15.1%，首次超过65—74岁"前期老年人"的比率（14.0%），[③] 此后，"后

[①] 総務省統計局：「統計からみた我が国の高齢者（65歳以上）－『敬老の日』にちなんで－」，http://www.stat.go.jp/data/topics/topi900.htm，http://www.stat.go.jp/data/topics/topi900.htm。

[②] 在日本，65岁及以上老年人分为"前期老年人"（65—74岁）和"后期老年人"（75岁以上）。

[③] 国立社会保障・人口問題研究所：『人口統計資料集（2016年版）』，http://www.ipss.go.jp/syoushika/tohkei/Popular/Popular2016.asp?chap=0。

期老年人"比重还会持续走高,日本老年人的高龄化趋势非常明显。

随着少年儿童人口的减少和老年人口的增多,劳动年龄人口明显下降。1997年,日本65岁及以上的老年人口在总人口中所占的比率已经上升到15.4%,少年儿童人口所占的比率却下降到15.3%,老年人口首次超过了少年儿童人口,两者开始出现逆转。根据日本总务省2013年5月的统计,在15岁以下的儿童中,12—14岁的有355万人,9—11岁的有340万人,6—8岁的有320万人,3—5岁的有317万人,0—2岁的有316万人。从年龄层上看,出现了年龄越小人数越少的趋势,[①] 说明日本的出生率在不断下降,这又导致劳动年龄人口将进一步减少。日本15—64岁的劳动年龄人口从2000年的68.1%,下降到了2015年的60.6%,出现了劳动力减少短缺的局面(参见表3)。

今后,日本人口老龄化进程仍将继续加快。根据日本内阁府公布的资料,预计到2060年日本总人口将下降至9000万人以下,其中,15—64岁的劳动年龄人口占总

---

① 「子供15万人减」,『読売新聞』,2013年5月5日。

表3　　　　　日本人口年龄结构及所占比率的变化　　　（单位:%）

年份	0—14岁	15—64岁	65岁及以上
1970	23.9	69.0	7.1
1980	23.5	67.4	9.1
1990	18.2	69.7	12.1
1995	16.0	69.5	14.6
1997	15.3	69.3	15.4
2000	14.6	68.1	17.4
2005	13.8	66.1	20.2
2010	13.1	63.8	23.0
2011	13.1	63.6	23.3
2012	12.9	62.9	24.2
2013	12.8	62.1	25.1
2014	12.7	61.3	26.1
2015	12.7	60.6	26.7

资料来源：国立社会保障・人口问题研究所『人口統計資料集（2016年版）』，http：//www.ipss.go.jp/syoushika/tohkei/Popular/Popular2016.asp?chap=2。

2015年数据来自内阁府：『平成28年（2016）版高齢社会白書（概要版）』，http：//www8.cao.go.jp/kourei/whitepaper/w-2016/gaiyou/28pdf_indexg.html。

人口的50.9%，65岁及以上的老年人口占39.9%，而少年儿童人口所占的比率只有9.1%（参见图4），届时每2.5

名日本人中就有一名65岁及以上老年人。虽然是预测值，但说明日本总人口和劳动年龄人口的减少是必然趋势，即使大幅度提高人口出生率，也很难改变人口减少的趋势。

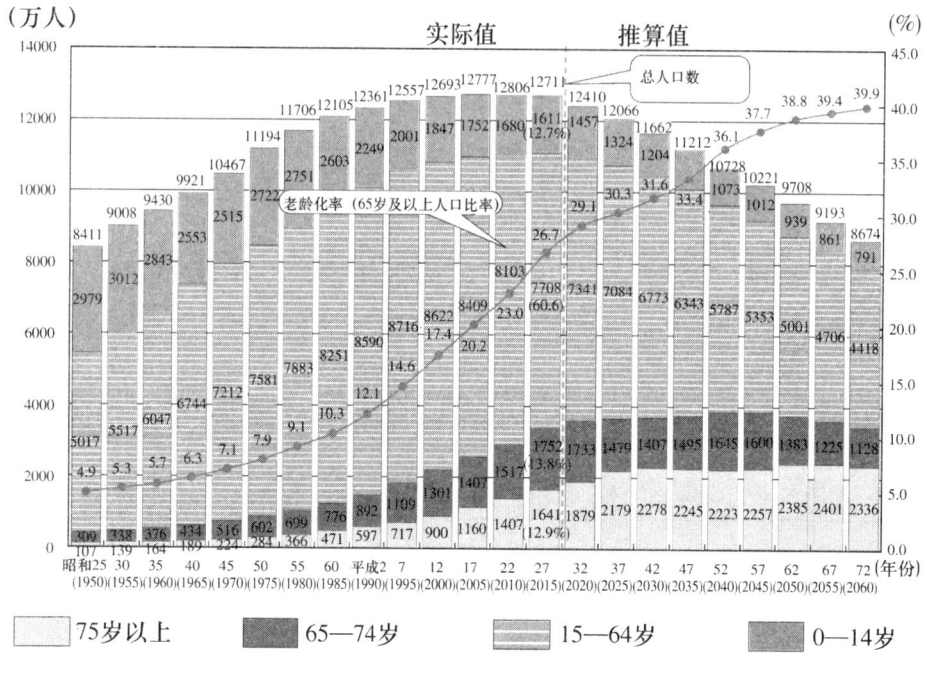

图4 日本老龄化进展情况与将来预测

资料来源：内阁府『平成28年（2016）版高龄社会白书（全体版）』，http：//www8.cao.go.jp/kourei/whitepaper/w－2016/gaiyou/28pdf_indexg.html。

日本人口年龄结构的变化导致老年抚养比的上升。第二次世界大战后，日本经历了总抚养比由高向低、又由低向高的过程，但在具体内容上却截然不同。1947年日本总抚养比是66.9%，其中，少年儿童抚养比是58.9%，老年人口抚养比仅为8.0%；到1970年总抚养比下降到44.9%，少年儿童抚养比下降到34.7%，而老年抚养比上升到10.2%。少年儿童抚养比高于老年抚养比的情况一直持续到1995年。到了2000年，少年儿童人口抚养比下降到21.4%，老年抚养比增加为25.5%，老年人口抚养比开始超过少年儿童抚养比。到2060年日本总抚养比将达到96.3%，其中，少年儿童抚养比仅为17.9%，老年人口抚养比高达78.4%，其差距将越来越大（参见表4），老年人口已经成为日本社会的主要抚养对象。这样的人口结构变动必然会导致社会经济负担的急剧加重，社会保障给付的增长远远超过日本经济的增长速度，非常不利于社会经济的良性运行。

可见，人口老龄化不仅意味着老年赡养负担的加重，而且会导致劳动力资源的严重短缺。2007年开始，日本"团块世代"[①] 已陆续退休，使得企业内具有丰富经验的

---

① "团块世代"指日本在1947年到1949年出生的一代人，是日本第二次世界大战后出现的第一次婴儿潮人口。在日本，"团块世代"被看作是20世纪60年代中期推动经济腾飞的主力。

表4　　　　　　　日本人口抚养比的变化情况　　　　（单位:%）

年份	人口抚养比		
	总抚养比	少年儿童人口抚养比	老年人口抚养比
1940	70.9	62.7	8.2
1947	66.9	58.9	8.0
1950	67.5	59.3	8.3
1955	63.1	54.4	8.7
1960	55.7	46.8	8.9
1965	46.8	37.6	9.2
1970	44.9	34.7	10.2
1975	47.6	35.9	11.7
1980	48.4	34.9	13.5
1985	46.7	31.6	15.1
1990	43.5	26.2	17.3
1995	43.9	23.0	20.9
2000	46.9	21.4	25.5
2005	51.3	20.8	30.5
2010	56.7	20.6	36.1
2011	57.1	20.5	36.6
2012	59.0	20.6	38.4
2013	61.1	20.6	40.5
2014	63.2	20.7	42.5
2015	64.8	20.6	44.2
2030	72.2	17.8	54.4
2060	96.3	17.9	78.4

资料来源：国立社会保障・人口问题研究所『人口統計資料集（2016年版）』，http://www.ipss.go.jp/syoushika/tohkei/Popular/Popular2016.asp?chap = 2。

人才退出生产第一线，引发劳动力不足、技术工人短缺等问题。不少企业担心"团块世代"退休之后原有的技术水平会难以维持，因为"团块世代"在某种程度上支撑了日本技术，"团块世代"陆续退休后，技术继承便成了问题，将严重影响社会经济的可持续发展。因此，由人口老龄化带来的人口结构变化、劳动年龄人口的减少、劳动力高龄化是日本开发老年人力资源的主要推手。

二 养老金制度的改革是日本开发老年人力资源的直接原因

（一）日本养老金基本情况

人口老龄化的日益加剧必然对日本的养老金制度乃至老年社会保障体系等带来巨大的挑战。2012年，日本社会保障费的总支出为108.56万亿日元，其中，有关老年人的费用支出为74.1万亿日元，占总社会保障支出的68.3%。[①] 2013年日本社会保障费的总支出为110.6万

---

① 内阁府：「高齢化の状況」，『平成27年（2015）版高齢社会白書（概要版）』，http://www8.cao.go.jp/kourei/whitepaper/w-2015/html/gaiyou/s1_1.html。

亿日元，① 其中，年金支出为54.6万亿日元，占社会保障总支出的49.3%。在日本社会保障支出的具体项目中，年金的支出增长最快，其次是医疗方面的支出，占社会保障总支出的32.0%，而这两项都与人口老龄化的进程密切相关，日本政府的财政压力越来越大（参见图5）。

日本公共养老金制度包括三种，一是国民年金（基础年金），日本法律规定凡处于法定年龄段（20周岁以上）的国民均须加入国民年金，它是由国家直接管理和运作的。国民年金以自营业者、企业职工、公务员及配偶等为对象，具有强制性；二是厚生年金，主要对象是正式员工在5人以上企业中的70周岁以下的雇员，同样是强制性保险；三是共济年金，是由各个共济组织等支付给公务员和教师等特定行业被雇佣者的国家公共养老保险。它的保障对象是国家公务员、地方公务员、私立学校教职员等。2015年10月开始，共济年金并入厚生年金。日本的养老保险制度采取的是"下一代养上一代"

---

① 国立社会保障・人口問題研究所：『社会保障費用統計平成25年度(2013)』，平成27年（2015）10月，第12页，http://www.ipss.go.jp/ss-cost/j/fsss-h25/H25.pdf。

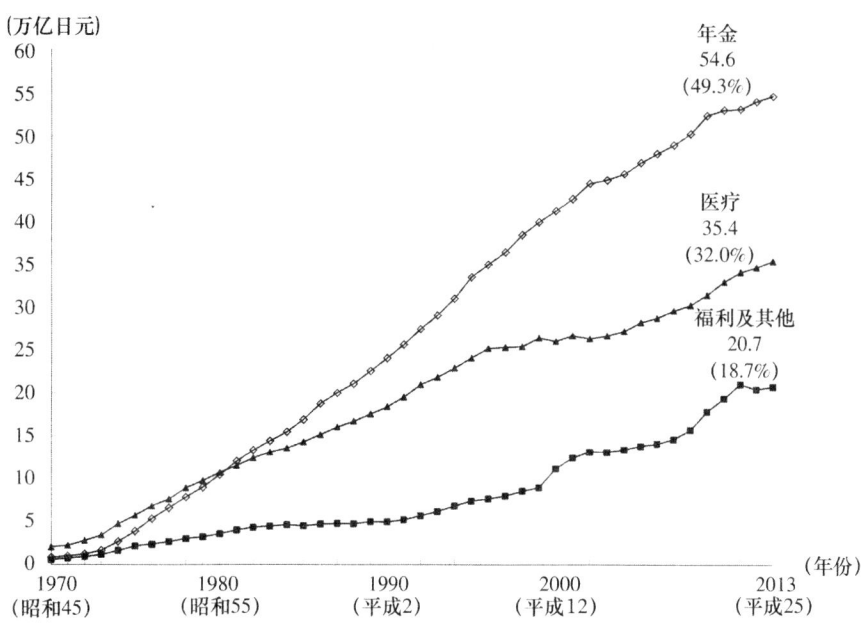

图 5　不同部门社会保障费支出统计

资料来源：国立社会保障・人口问题研究所『社会保障费用统计平成 25 年度（2013）』，平成 27 年（2015）10 月，第 11 页，http://www.ipss.go.jp/ss-cost/j/fsss-h25/H25.pdf。

的现收现付制，即用当前参保人的缴费来支付退休人员的养老金，养老金给付水平由参保年限和退休前工资收入水平等因素决定。但是，随着人口结构的变化，日本劳动年龄人口减少和领取养老金的老年人数量的增多，出现了养老金收入与支出不平衡的问题，日本的养老金制度面临着严峻挑战。

日本养老金制度由来已久。早在1941年已经制定了《劳动者年金保险法》，第二次世界大战后又相继出台了一些关于养老金的法律。1953年颁布了《私立学校教职员共济组合法》，1958年颁布了《农林渔业团体职员共济组合法》《国家公务员共济组合法》等法律。1959年日本制定了《国民年金法》，并于1961年开始实施。从20世纪80年代开始，日本针对人口结构的根本性变化以及养老保障制度的财务危机采取了一系列的改革措施，建立了日本统一的养老金体系。1985年，日本制定了新的《年金修改法》，并于1986年4月开始在全国实施，确立了目前日本养老金制度的基本框架，此后日本养老金制度的改革并没有停止。1994年，日本修改《国民年金法》和《厚生年金法》，决定将分阶段地领取厚生养老金的年龄由60周岁提高到65岁。

（二）日本推迟领取厚生养老金年龄

随着出生率下降和平均寿命的延长，进入21世纪以后，日本的人口老化问题越来越严重，给日本的医疗和养老等社会保障体系造成了巨大压力，用于社会保障方面的费用大幅增长。因此，2004年日本内阁会议通过了

《年金改革相关法案》,在养老金制度方面做了比较大的改革。主要内容包括:提高个人负担的"国民年金"保费;将"国民年金"中国家财政负担的部分,到2009年由1/3提高到1/2;对现行的"厚生年金"保费进行调整,从2004年10月起在13.85%的基础上每年提高0.354%,逐渐提高到2017年的18.30%,企业和个人各负担一半;确保养老金(国民年金、厚生年金)的给付水平保持在在职职工平均收入的50%以上,目前的给付水平是59.3%,到2030年时将下降到50.2%;从2007年4月开始,对70周岁以上有一定工资收入的退休者,减少养老金给付金额。[①] 2004年日本进行养老年金改革的目的,是实现养老年金的给付与负担的合理、公正,解决养老金财源问题,保持养老金制度的稳定和可持续发展。另外,越来越多的年轻人开始担心自己退休后能否领取到足以保障晚年生活的年金。因此,虽然公共年金制度的加入具有强制性,但年轻一代中拒绝加入公共年金制度的比率还是逐年上升。可见,由于人口少子老龄化、经济的低速发展等原因,日本公共养老金财源十

---

① 王伟:《日本社会保障制度》,世界知识出版社2014年版,第33页。

分紧张,导致政府不得不提高养老保险金缴纳水平,并逐步推迟养老金的支付时间。

作为基础年金的国民年金在制度建立之初就一律从65岁开始领取,厚生年金的领取年龄也将由60岁逐渐推迟到65岁。以日本企业男性员工为例,从2013年4月开始,领取厚生年金的年龄已提高到61岁,之后每3年提高1岁,到2025年将提高到65岁(参见表5)。按照日本企业的惯例,员工的退休年龄一般为60岁,这样会发生员工到60岁退休后,在接下来的5年里可能没有任何收入来源的情况。因此,日本必然要在老年人就业与

表5　　　　　日本推迟领取厚生养老金年龄日程表

时　间	年　龄
2013年4月1日—2016年3月31日	61岁
2016年4月1日—2019年3月31日	62岁
2019年4月1日—2022年3月31日	63岁
2022年4月1日—2025年3月31日	64岁
2025年4月1日—	65岁

资料来源:根据广田薰『改正高年龄者雇用安定法の解说と企业实务』,日本能率协会综合研究所,2012年12月,第39页资料整理。

再就业方面采取相应政策措施,以避免这种情况的发生。可见,养老金制度的改革是日本开发老年人力资源的直接原因。

三 平均寿命延长、老年人乐于工作为日本开发老年人力资源提供有利条件

在人口老龄化背景之下,平均寿命的延长与退休年龄偏低的矛盾凸显。平均寿命的延长是社会进步的一个重要标志,反映了一个国家的医疗生活水平和福利事业的发展,是人类社会文明的标志,是社会进步的必然结果。日本是世界第一长寿国,这成为日本的骄傲。根据2016年5月世界保健机构(WHO)的统计,日本男女平均寿命达到了83.7岁,女性为86.8岁,男性为80.5岁。[①] 而到2060年的时候日本男性平均寿命将增加到84.19岁,女性平均寿命将超过90岁,达到90.93岁(参见图6)。

---

① 「日本、長寿世界一を維持 WHO 調べ 平均寿命83.7歳」,『日本経済新聞』,2016年5月19日。

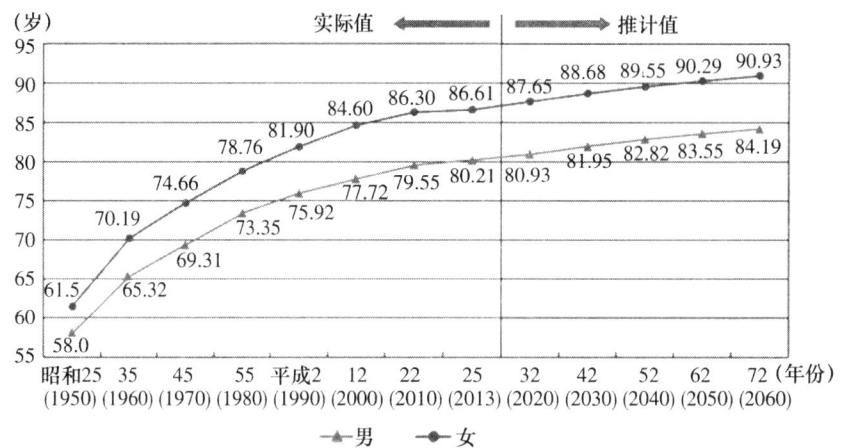

图 6　日本平均寿命推移与未来预测

资料来源：内阁府『平成 27 年（2015）版高龄社会白书（概要版）』，「高龄化の状况」，http：//www8.cao.go.jp/kourei/whitepaper/w - 2015/html/gaiyou/s1_1.html。

随着平均寿命的延长，日本 60 岁左右的老年人已经不是以往体弱多病的形象，很多老年人还有充足的体力和工作的欲望。根据日本厚生劳动省的统计，在 55—59 岁的男性中，希望工作到 65 岁以上的人占 75%，其中 38.1% 的人表示无论年龄多大都希望一直工作下去；在 60—64 岁老年男性中，希望工作到 65 岁以上的人占 73%，其中 32.8% 的人希望无论年龄多大都一直工作下去；在 65—69 岁老年男性中，希望工作到 65 岁以上的人占57%,其中28.2%的人希望无论年龄多大都一直工作下去。而且老年女性的就业人数出现了增加的趋势。在55—59岁的女性中,希望工作到65岁以上的人达到了53%,其中33%的女性希望无论年龄多大都能一直工作下去(参见图7)。日本老年人不管年龄多大希望工作的热情都非常高。

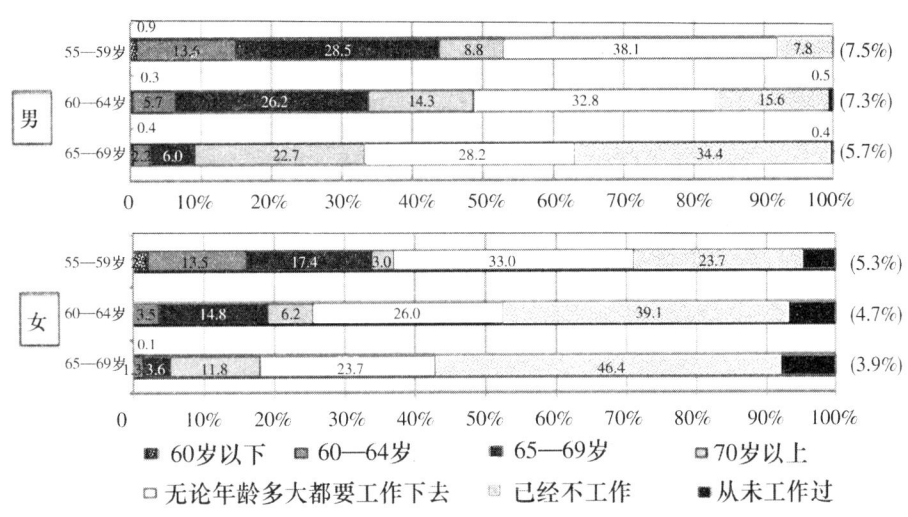

图7 日本老年人希望退休的年龄

资料来源:厚生労働省『今後の高年齢者雇用の現状と課題について』,第25页,http://www.mhlw.go.jp/stf/shingi/2r9852000000w15e-att/2r9852000000w194.pdf。

随着"团块世代"陆续退休,日本人口老龄化程度将进一步加剧,同时能够继续参与社会活动的老年人群也相应增多。根据日本厚生劳动省统计,2009年满60岁的"团块世代"人数达到了664万人,2014年满65岁的"团块世代"人数达到641万人,2019年满70岁的"团块世代"人数将有608万人,这一群体的数量将在一定时期内保持较高的水平。① 这一代人热爱工作,受过较好的教育,为第二次世界大战后日本经济高速发展做出了巨大贡献,被称作"企业战士",退休后也有强烈的工作欲望,无疑是日本可以开发利用的丰富的人力资源。

另一方面,由于日本经济持续低迷,养老金多年来几乎没有增长,很多退休老年人的实际生活质量受到明显影响。日本老年人希望赚取更多生活资金,以避免晚年的生活质量下降。根据日本《高龄社会白皮书》统计结果表明,2011年,日本60岁以上的老年人为了"收入"而工作的比率由5年前的9.9%增加到20.7%。② 日

---

① 厚生労働省:『労働政策審議会職業安定分科会雇傭対策基本問題部会』,「(図表2)団塊の世代の高齢化」,http://www.mhlw.go.jp/stf/shingi/2r9852000001rgw7-att/2r9852000001rh0k.pdf.

② 内閣府:『平成24年(2012)版高齢社会白書(概要版)』,http://www8.cao.go.jp/kourei/whitepaper/w-2012/gaiyou/s1_4_1.html.

本老年人希望赚取更多生活资金，以享受富裕的晚年生活。日本政府在2016年5月20日的内阁会议上敲定了《高龄社会白皮书》，其中对于"50岁之前是否有为老后做经济储备"的调查显示，42.7%的日本受访者回答"没有特地做老后的准备"，高于美国的20.9%和德国的26.1%。为此，日本在该份《高龄社会白皮书》中指出，应重视从年轻时候开始为老后生活进行储备。[1]

总之，在老龄化速度加快，人口结构发生变化，劳动年龄人口减少，养老金制度改革等背景之下，作为保持劳动力规模，减轻社会保障负担的对策之一，日本政府势必会积极雇佣老年劳动力，以解决劳动力短缺问题。

---

[1] 内閣府：『平成28年（2016）版高齢社会白書（概要版）』，「第3節国際比較調査に見る日本の高齢者の意識」，第36页，http://www8.cao.go.jp/kourei/whitepaper/w-2016/gaiyou/pdf/1s3s.pdf。

第二章　日本开发老年人力资源的制度建设

　　人口老龄化的快速发展，不仅增加了养老金、医疗费用等社会保障费用的支出，而且还会引发劳动力供应不足及生产率增长速度放缓等一系列社会问题，这无疑将对日本社会经济的活力、雇用制度、社会保障制度等关系国计民生的制度产生巨大的影响。对于已进入人口减少及超老龄社会的日本来说，如何开发老年人力资源是非常重要的课题。日本一方面延长退休年龄保证健康老年人继续就业，另一方面积极为老年人创造再就业的环境，鼓励退休老年人继续参与社会活动，以此努力确保老年人力资源。

一 日本确立和强化相关法律法规制度

在人口老龄化加剧的情况下,日本为了维持充满活力的经济社会,调动老年人利用自身的知识及经验为经济社会做贡献,采取了多种多样的措施,实行了如物质激励、禁止就业歧视、建立灵活劳动合同制度、改变工作环境、完善劳动保障、创造社会氛围、开展就业培训、发挥职业介绍中介的作用等一系列鼓励老年人就业的政策。

(一) 制定和修改《高龄者雇用安定法》

第二次世界大战后初期至20世纪50年代中期,日本尚处于战后恢复阶段,即使是年轻阶层也处于劳动力过剩状态,因此,政府并没有对老年人的雇用问题给予太多的关注。当时,日本企业的退休年龄大体是50岁或55岁,厚生年金支付起始年龄也定为55岁。1954年,日本改革厚生年金制度,设立定额部分,并将支付年龄提高到60岁,以应对经济快速发展引起的大量劳动力需求。随着日本经济进入高速增长期,之前的劳动力过剩状态虽然得到了很大改善,但与年轻人相比,中老年人的就业形势依然很严峻。

而另一方面,随着社会少子化及老龄化程度的不断加深,日本政府开始将目光投向中老年人的再就业问题。日本在1961年《经济白皮书》中首次指出,随着人口老龄化的发展,处于再就业困难状态的中老年人的比重也在增加,应给予重视。早在1963年制定的日本《老人福利法》就规定,国家和地方自治体负有增进老年人福利的责任,要努力谋求老年福利事业的发展。日本《老人福利法》确立了老年人社会福利保障的基本框架,首次明确了老年人的权利与义务,规定"应按照老年人的希望和能力,为其提供从事工作以及参与社会活动的机会",退休年龄也由第二次世界大战后的50—55岁延长到60岁。《老人福利法》还提出,发挥老年人丰富的经验和知识特长,为他们创造更多的工作和参与社会活动的机会。日本逐渐开始重视老年人的就业问题。1970年日本人口老龄化率超过7%,进入老龄化社会,开始出现劳动力趋于老龄化的现象。针对这种现象,1971年日本实施了《中老年人就业促进法》,并在1973年的阁僚会议上第一次明确了"以60岁为目标推进延长退休"[①]。1973年发生了石油危机,日本经济形势也发生

---

① 高木朋代:『高年齢者雇用のマネジメント』,日本经济新闻出版社2008年版,第84页。

了巨大的变化,从经济高速增长期转入了低速增长期。在这种背景之下,日本企业纷纷进行了雇用调整,企业开始说服中老年人自动离职或直接解雇。这样,不仅中老年人的再就业变得十分困难,就连处在工作岗位上的中老年人也随时有被解雇的可能,与其他年龄层相比,中老年人的就业环境显得尤为不稳定。由于中老年人体力和能力下降,第二次正式就业的可能性极小,大多数人为了养家不得不选择小时工等相对不稳定的就业形式。因此,1973年以后,日本政府将延长退休年龄作为中老年人雇用政策的一项重大课题。1973年,日本提出"要进一步采取必要的措施,推动延迟退休的顺利进行",并开始对提高员工退休年龄的中小企业给予奖励。1974年日本颁布了《就业保险法》,该法是在《失业保险法》的基础上修改和扩充而成的,也是为了预防高年龄者的失业问题。1978年,日本厚生劳动省颁布了《新雇用对策大纲》,实施"中老年人雇用开发补助金"制度,主要以解决10万名中老年人就业问题为目标,大力扩充雇用补助金。在该制度的支持之下,日本于1980年6月,完成了解决10万名中老年人就业问题的目标,[1]

---

[1] 萱沼美香:「高齢者雇用政策の変遷と現状に関する一考察」,第13页,www.ip.kyusan-u.ac.jp/keizai-kiyo/dp48.pdf。

进一步促进了老年人的就业。从总体来看，20世纪60年代至70年代初的日本老年人雇用政策大多是中老年人的再就业促进对策。这时期的措施主要是针对企业离职或退休后的中老年人而实施的再就业对策，和以往一样，依然属于失业对策的范畴。

这一系列法令和对策的出台，使日本在处理老龄问题与经济发展的关系方面变得有法可依、有章可循。而在国家立法方面，《高龄者雇用安定法》可以称得上是日本老年人就业的中心法。1986年，日本修改《中老年人就业促进法》，并更名为《高龄者雇用安定法》，鼓励企业采取60岁退休制度。1994年日本人口老龄化率达到了14%，进入了老龄社会，高年龄劳动人口迅速增加。同年日本修改《高龄者雇用安定法》（1998年实施），以法律的形式明确规定企业有义务雇用老年人至60岁。1999年，日本在《第九次雇用对策基本计划》中首次提出，在未来10年间有必要将退休年龄提高到65岁，并在2000年的《高龄者雇用安定法》的修改案中明确了今后将雇用老年人到65岁。随着超老龄化社会的到来及劳动年龄人口数量的不断下降，2004年日本重新修改了《高龄者雇用安定法》（2006年实施），规定企业要分阶段提高退休年龄,最终提高到65岁。但是,这时期的大部分企业还是选择了一边维持60岁退休制度,一边采取60岁退休后再雇用的方式。也就是说,大部分员工到60岁退休以后被再雇用时只能以非正式员工的形式继续工作。虽然他们在退休后从事的工作内容没有发生变化,但工资明显减少。这种现象在2013年开始领取厚生养老金年龄被推迟后,使日本老年人的稳定生活受到很大影响。

为了避免上述情况的发生,并全面实行全体老年人在法律保障之下都可以工作到65岁的退休制度,日本《高龄者雇用安定法》修正案于2012年8月29日在国会通过,并于2013年4月1日开始实施。修改后的新法有三个要点:第一,企业要取消继续雇用的限制条件,让有工作意愿的员工都能工作至65岁。企业可以根据自身的情况,采取以下方式:企业或明确员工退休年龄为65岁,或取消员工退休制度;不能马上取消继续雇用限制条件的企业,可采取过渡性措施,使员工工作到领取养老金的年龄,但过渡性措施只能实行到2025年3月31日,同时逐步延长退休年龄,每三年延长1岁,到2025年4月员工退休年龄正式延长至65岁。第二,扩大继续雇用老年人的企业范围，无论是法人公司，还是子公司及与子公司相关联的所有公司都有义务继续雇用老年人。第三，加强了对企业的惩戒力度。过去，厚生劳动省对那些没有实施继续雇用制度的企业，并没有明确的惩罚措施，只是通过劝告、指导的形式，督促其保障老年员工可以继续工作。但新修订的法律规定，政府可以将违反制度的企业名称公布于社会，公共职业介绍所拒绝受理该企业招聘员工的手续，[①] 以此加强对企业的监管。

可见，随着日本社会人口老龄化的进一步加剧，政府一直在想方设法逐步延长劳动者的工作年限。通过修改《高龄者雇用安定法》，日本实现了将60岁的退休年龄逐渐推迟到65岁的制度，避免了企业员工退休后出现的"收入空白期"。而且该法律使处理老龄问题与经济发展的关系变得有法可依、有章可循，同时也解决了以往存在的一些问题。比如，之前日本老年人继续工作的人数比较多，但实际上大多数老年人是以临时工、合同

---

① 假谷美香：「『高年齢者雇用安定法』改正のポイントと企業の実務対応策」，『ぶぎんレポート』No. 166，2013年5月号，第9页，http：//www. bugin－eri. co. jp/doc/semi166. pdf。

工等非正式员工的身份从事工作，其工资也减少了很多。实施新的《高龄者雇用安定法》之后，老年人可以以正式员工的身份工作，并能够保证与原来同样的待遇，提高老年人的工作积极性。

（二）开展有关禁止就业年龄歧视的立法工作

日本为解决对中老年人就业年龄歧视问题，建立了禁止就业年龄歧视的法律制度，力图通过禁止就业年龄歧视的立法，在确保雇用老年人和禁止在招录员工时设定年龄限制这两个方面有所作为。自20世纪90年代以来，日本社会老龄化趋势日益加快。人口高龄化致使社会保障费用增加进而导致财政负担加重，同时造成了中老年人就业机会的丧失。为了抑制由人口高龄化带来的财政危机及中老年人就业受阻现象，日本逐渐开展有关禁止就业年龄歧视的立法工作。

早在1966年日本就制定了《雇用对策法》，此后多次进行修改。比如，2001年对该法进行修改，并开始着手构建禁止就业年龄歧视的法律制度。修改后的法律规定，企业在招聘及录用时有缓和年龄限制的义务，比如，该法第7条明确规定：经营主在认为有必要有效发挥劳动者能力时,应当在招聘及录用上努力为其提供与年龄无关的平等的机会。为了进一步明确该条的具体内容,2001年日本厚生劳动省发布了第295号告示,即《招聘及录用劳动者时事业主提供无关年龄的平等机会的正确对待指针》。该指针规定,在招聘及录用劳动者时,应当努力避免以年龄为理由将劳动者排除于招聘及录用之外。2007年日本对《雇用对策法》的修改主要是为了进一步应对出生率下降及老年人口增加,保障中老年人平等的雇用机会。在此之前,日本在招聘及录用方面对企业规定的禁止年龄限制主要是一种"努力义务",尽管这一"努力义务"对减少年龄歧视现象有一定的作用,但是法律实施的实效性并不理想。因此,在本次修改《雇用对策法》时,将过去规定的"努力义务"确定为"禁止规定"。《雇用对策法》第10条明确规定:企业应当依据厚生劳动省的规定为其提供无关年龄的平等机会,有效发挥劳动者能力。尽管此次修改法律对企业违反禁止年龄限制没有规定罚则,但厚生劳动大臣可以给予指导及劝告。依据修改后的《雇用对策法》,企业在招聘和录用劳动者时,不应询问求职者的年龄。除此之外,自从2004年修改的《高龄者雇用安定法》实施以后,日本老年人才中心开始向 60 岁以上有技能的老年人才提供临时的、短期的就业机会，并对有需求的企业积极推荐老年人才。各都道府县设置老年人就业支援窗口，提供有关职业生活设计的咨询和帮助。针对长期失业的中老年人通过就业支援研讨会、咨询、经验交流等形式帮助其再就业。而且，与地方公共团体合作，开设老年人职业咨询窗口。独立行政法人高龄·残疾人雇用支援机构在各都道府县设置老年人雇用就业支援窗口，为老年人安排自我启发等有关职业生活设计的咨询和支援，并负责收集因雇用老年人取得好成绩的企业事例，对企业进行宣传。修改后的《高龄者雇用安定法》还规定，企业招聘或采用职员时，凡限定上限年龄（限定为 65 岁以下）的必须说明理由。这些措施为老年人的就业与再就业提供了更多的机会和法律保障。

二 日本促进健康老龄化，保障老年人参与社会活动

为了应对老龄化带来的一系列社会问题，日本政府制定了相应的政策措施，如在促进全民健康当中积极推

动健康老龄化，为老年人就业与再就业提供条件。在人口老龄化不断加剧的背景之下，如何提高老年人的身心健康和生活质量已成为世界各国普遍关注的社会问题。日本是世界上人口老龄化程度最高的国家，也是世界第一大长寿国。随着平均寿命的延长，日本对如何实现健康的长寿给予高度重视。

（一）日本推动健康老龄化的主要措施

早在20世纪60年代，日本就制定了专门针对老年人的《老人福利法》（1963年）。20世纪70年代以后，进一步强调老年人的医疗保健问题，并根据1973年修改的《老人福利法》对70周岁以上老年人实行了免费医疗制度，解决了老年人的看病问题。1978年日本首次推出"国民健康运动计划"，其重点在于提高人们对健康的认识，普及增进健康的知识。但总的来说，日本专门针对老龄社会制定相关政策是进入20世纪80年代以后开始的。为应对老龄化社会的发展，1986年6月，日本内阁会议通过了《长寿社会对策大纲》作为综合推行长寿社会对策的指导性文件，对建立长寿社会的基本方针作了原则性规定。《长寿社会对策大纲》决定在就业与收入、养老金保障、健康与福利、老年人的终身教育与社会参与、社会环境等方面采取对策措施。1988年日本出台第二次"国民健康运动计划",其重点在于促使人们养成健身运动的习惯,充实和完善"从婴幼儿到老年人"的健康体检保健辅导体制。为在全民健康运动中完善老年人的福利服务和提高老年人的健康水平,日本于1989年制定了推动老年人保健福利计划战略的"黄金计划",增加老年人社会福利设施,为低收入的老年人提供上门服务和家庭护理等服务。1994年日本颁布"新黄金计划",突出了居家护理、增设各种保健设施,为老年人的健康教育和健康运动提供了很好的场所。

同时,日本积极促进健康老龄化运动。1990年9月,世界卫生组织在哥本哈根召开会议,首次提出了"健康老龄化"的口号。"健康老龄化"指的是进入老龄化社会时,大多数的老年人在身体、心理、智力、社会和生活五种功能方面依然保持着应具备的正常状态,使老年人能继续参与有价值的社会活动。日本非常重视"健康老龄化"。日本的"健康老龄化"是促进经济社会可持续发展的重要内容之一,是解决人口老龄化带来的各种问题的重要因素。2015年日本男性健康寿命为71.11

岁，女性为75.56岁。① 平均寿命和健康寿命的延长不仅使日本老年人口规模不断膨胀，而且老年人拥有劳动能力的时间也会相应延长，这进一步助长了老年人继续工作的热情。联合国又在1999年的国际老年人年提出了"积极老龄化"的口号，促进"建立不分年龄、人人共享的社会"。日本也非常注重"积极老龄化"，鼓励老年人参与社会活动。而要建立这种社会，最重要的一点就是要认识到老年人力资源的价值，认识到开发老年人力资源是一种社会责任，实现老年人的社会参与，让老年人充分发挥余热。而就业正是老年人实现社会参与的一个极为重要的途径。因此，面对老龄化背景下的人口平均寿命和健康寿命的延长与退休年龄偏低的矛盾，无论是日本政府还是社会均认识到，老年人作为具备潜在能力的人力资源，应被更有效地利用，而延迟退休年龄则是最好的举措。

日本于1995年制定并实施了《高龄社会对策基本法》，在雇用、养老、医疗、教育、社会福利等方面进行了及时的调整。该法明确指出，要构建能够确保国民终

---

① 「健康寿命　日本トップ　男性71.11歳　女性75.5歳」，『日本経済新聞』，2015年8月28日。

生就业、终生可参与多种多样社会活动的有活力的社会。按照《高龄社会对策基本法》的规定，日本于1996年制定了《高龄社会对策大纲》，并于2001年和2012年进行了两次修改和完善。2012年修改后的《高龄社会对策大纲》提出了"人生90年"的口号，指出，人们要注重健康管理，把握好工作与家庭生活、自我提高、社区活动之间的平衡关系，以实现健康而充实的老年生活。1999年12月日本又制定了"黄金计划21"，着力为建立护理保险制度创造条件。2000年日本颁布"健康日本21计划"，将延长国民的"健康寿命"作为基本目标。2002年日本制定《健康增进法》，旨在为推动国民健康提供法律依据。目前，日本政府又在第二次"健康日本21计划"（2013—2022年度）草案中写入"延长健康期望寿命"的目标。

（二）建立《护理保险制度》，夯实推动健康老龄化的基础

日本2000年4月开始实施的《护理保险制度》是在高龄人口及独居老年人数量不断增多的情况下，为缓解养老护理所面临的问题而建立的保险制度。根据日本厚生劳动省的统计，2015年日本100岁以上老年人达到创纪录的61568人，首次超过6万人。其中，男性是7840人，女性是53728人，女性占比为87.3%。[①] 同时，日本独居老年人在老年人口中所占比例不断增多。1980年，独居男性老年人口为4.3%，独居女性老年人口为11.2%，而到2010年，独居男性老年人口增加至11.1%，独居女性老年人口增加至20.3%，10年间都增加了两倍多。特别是独居的女性老年人比例剧增，到了2012年更是增加至34.2%，在两年的时间里增加了大约14%，其增加速度越来越快。[②] 日本女性的平均寿命高于男性，独居老年女性中的大多数人在性别分工意识很强的日本社会中，只专注于结婚后生儿育女，在照料完父母和配偶之后自己却成了单身生活者。因为她们的连续工作年数短，平均收入水平很低，与男性老年人相比，她们的经济实力较弱，很难享受到相应的护理。因此，个人只承担10%护理费用的《护理保险制度》在一定程度上能够缓解养老护理面临的经济负担，减少老年人的

[①]「100 歳以上が始めの6万人超　45 年連続増　女性87%」,『日本経済新聞』,2015 年9月11日。

[②]「高齢女性の貧困率が相対的に高い」,『社会新報』,2013 年3月13日。

后顾之忧，减轻政府用于老年人护理方面的财政支出。

日本的《护理保险制度》是由全社会共同承担与互助的保险制度，其设立的理念是，老年人首先应该为自己的护理负起责任，之后在需要时可要求从所在的社区中得到后续支持。[①] 该制度规定，凡年满40周岁以上的国民均须参加护理保险，国民每年缴纳一定的保险金额就可以在65岁以后享受这项保险提供的服务。日本护理保险制度所需的费用由税金和保险金两部分组成，二者各占一半，其中税金部分由国家承担50%、都道府县承担25%、市町村地方政府承担25%，另外一半来自被保险人缴纳的保费。被保险人在接受护理服务时只负担护理服务总费用的10%，很大程度地减轻了个人负担的费用。日本《护理保险制度》覆盖面较广，给付对象范围较宽，给老年人的养老护理提供了方便，减少了老年人的后顾之忧。可见，日本采取了多种措施以保障老年人的身体健康和心理健康，尽量减轻老年人因疾病带来的经济负担。一方面为健康老年人提供就业与再就业服务，另一方面为身体状况不好的老年人提供较满意的养老护

---

① 张暄：《日本社区》，中国社会出版社2007年版，第190页。

理服务。

总之，日本政府在提高退休年龄的同时，制定了推动高龄劳动者就业的积极劳动力市场政策，包括通过法律手段明确要求雇主取消年龄歧视、雇用高龄劳动者；创设银色人力资源中心，为高龄劳动者提供就业服务，激励其继续工作。在老年人保持健康并能够创造财富时，他们可以对劳动力队伍起到很好的补充作用。

三　日本实行不拘一格的退休机制

如上所述，日本退休年龄调整的基本特征是双主线改革：一条主线是通过修订《高龄者雇用安定法》，逐步提高劳动者退出劳动力市场的年龄；另一条主线是通过改革养老金制度，调整与退休年龄有关的退休金领取年龄和水平。日本退休年龄调整经历了近半个世纪，表现出与养老金制度改革和劳动力市场政策调整同步进行、协同演进的改革特征。从整个历程来看，日本退休年龄政策调整贯穿于其养老保障制度变革的整个过程。从内容看，它形成了退休年龄调整、养老制度改革与就业政策修订的多层次改革体系。

日本目前针对不同人群实行不同的退休机制。主要有三种类型：

第一类是公务员。主要包括国家公务员、地方公务员、公立中小学和高中的教职员。法律规定了这类人的退休年龄原则上是60岁，但是检察官（63岁）、医生（65岁）、特殊官僚（61—65岁）等一部分国家公务员可以适当延迟退休。日本公务员的退休金根据退休前每月工资和在职年数计算，公务员养老费用由个人缴纳的保险金和国家财政两方面承担。公务员的养老待遇比一般中小企业员工要好，但没有大企业员工好。在日本，教师属于国家或地方公务员，统一纳入公务员行政管理体系中。教师适用本国的公务员法，其工资福利待遇按公务员标准执行，社会保障与公务员相同，由国家、地方政府和个人共同承担。教师在不触犯法律或其他政策法规的前提下，能够终身享受公务员身份，其退休年龄也适用于公务员退休制度。日本中小学教师实行职务聘任制，只有拿到教师资格证书，才能担任教师职务。每年公开向社会招聘教师，由地方教育委员会组织教师资格考试，应聘人员包括大学生、硕士、博士毕业生等。一般来讲，学历越高，获得教师资格证书的等级越高，工资也就越高。日本于1949年颁布《教育公务员特例法》、1950年颁布《地方公务员法》、1956年颁布《地方教育行政组织及运营法》，从法律上确定了日本公立中小学教师的"教育公务员"身份，并明确公立中小学教师参照地方公务员管理。

第二类是企业员工。日本法律没有对企业员工规定退休年龄，而从2013年4月1日开始实施新《高龄者雇用安定法》，规定企业有义务雇用员工至65岁。这是日本为配合逐步推迟养老金领取年龄的改革措施（从2013年至2025年可以领取养老金的年龄将逐步被推迟到65岁）所出台的一项举措，由于新法的实施规定了企业雇用的义务，所以也被称为"65岁退休制"。因少子老龄化日趋严重，日本企业积极运用弹性的退休和继续雇用制度，以解决劳动力不足的问题。日本从20世纪70年代开始一直在逐步地推迟退休年龄。尤其是2007年以来，日本的人口进入了负增长期。受此影响，日本的社会福利保障体系已经接近最大负荷，日本财政在养老金、医疗等方面的支出不断增多。为了缓解人口老龄化给社会发展带来的巨大压力，推迟退休年龄便是日本政府所采取的重要举措之一。在日本，实行

65岁退休、延迟退休或取消退休制度的企业数量不断增多。越来越多的企业职工只要本人愿意且体力允许，可工作到任何年龄。此举意在通过稳定就业环境，使经验丰富的资深员工留在公司。为了保障员工的各种福利，日本个别大企业设有自己的企业年金。企业年金是指在政府实施的国民年金、厚生年金、共济年金之外，企业根据自身经济实力，以自愿建立的宗旨，为本企业职工提供一定程度退休收入保障的补充性养老金制度。企业年金属于企业福利的范畴，是公共养老金制度的重要补充，目的是供职工退休后作为养老之用。日本退休养老制度的成功很大程度上得益于企业年金制度的有力支持。

第三类是大学和私立中小学、高中的教师。日本法律没有规定这一人群的退休年龄。日本大学可以根据各自的需求适当调整退休制度。日本高度重视大学教育，在发展高等教育的历史中，逐渐形成了培养社会顶级知识精英的国立大学，地域文化"保护神"和传播者的公立大学，数量庞大的自治灵活、善于经营的私立大学三种类型的大学。在日本，大学及大学教师被赋予特殊的社会地位。以前，日本国立大学和公立大学教职员分别属于国家公务员和地方公务员的范畴，其退休年龄与退休制度根据国家公务员法和地方公务员法的规定执行。2004年4月起日本开始实行国立大学和公立大学法人化，这些大学的教师不再被视为公务员，退休年龄由各大学自己决定。目前，日本各类大学的退休年龄有所不同。国立大学和公立大学教师的退休年龄一般为63—65岁，在近年整个日本社会延迟退休年龄的情况下，一些大学也开始推迟教师的退休年龄。私立大学自主性更强，有的大学不设退休年龄，而设置退休年龄的大学，教师的退休年龄也相对长几岁，一般在65—70岁。

日本大学的相互兼课及退休后的再聘用情况较为普遍。这种制度可以打破国立大学和私立大学的界限，有利于学术交流并能够节省开支。私立大学利用其退休年龄晚于国立大学的制度，聘用从国立大学退下来的教授继续执教。一般而言，国立大学的教授具有丰富的教学经验和科研成果，因此，这种聘用制度在一定程度上能够充分利用国立大学教授们的知识优势，进一步提高私立大学的教学与科研水平。但大学教授不是终身雇佣制度，如果在研究或教学方面没有完成本学校所规定的任务，不排除被免职的可能性。大学教授的工资随着年龄的增加和职称的提高而增多，但是超过65岁的教授因有养老金，其工资不再增多。例如，日本关西大学教师退休年龄为67岁，之后，以"特别契约教授"的名义再次聘用到70岁，但一般没有授课等负担，其收入也逐渐减少。68岁时的收入为65岁当年收入的80%，69—70岁时减少为50%。① 日本大学还有退休特别奖金。退休特别奖金也称为"一次性退休金"，是日本大学的另一种奖励制度，目的是"功劳褒奖"教师以前的辛勤工作和贡献。退休特别奖金在教师退休后一次性支付，一般为在校期间的月平均工资乘以在校年数。"一次性退休金"不属于养老金，养老金是在达到法定领取养老金的年龄后，根据教师以前缴纳养老保险数额按月由社会保险支付的养老生活保障金。

可见，日本大学在教师队伍建设过程中，形成了兼职人员数量多，中老年人比重大，高学历化较明显的特点。大学教师队伍的总体年龄比较大，反映着队伍的职业成熟度较高。大学教师面对的学生大部分正值青春期，身心成熟、阅历丰富的中老年教师更有利于对青年学生

---

① 「大学職員の教育分析」，2008年6月3日，http://d.hatena.ne.jp/high190/20080603/p1http://d.hatena.ne.jp/high190/20080603/p1。

进行引领、指导和教育。而且日本国立大学教师退休后到私立大学任职等情况,很好地解决了科研人员退休后科研能力继续发挥作用的问题。

总之,随着人口老龄化的不断加剧,日本实施灵活的退休制度,以应对劳动力不足问题和养老保险体系的财政困难。目前,日本正处于将退休年龄由60岁推迟至65岁的阶段。为了保证顺利过渡,从20世纪90年代起,日本就已经开始对养老金制度进行改革,提出截止到2025年将养老金发放年龄逐步推迟至65岁,以促使企业、社会,以及个人采取相应的应对措施。而日本的退休制度不是一步到位的,而是采取渐进式的方案。根据不同行业、不同身体状况,逐渐延迟退休年龄或取消退休制度。

四 安倍政府开发老年人力资源的政策动向

日本少子老龄化现象的加剧,对劳动力的增减及年龄结构产生了重大影响。2000年日本劳动年龄人口为8638万人,2014年减少到7785万人,共减少了853万人,劳动年龄人口减少趋势非常严峻。① 在这种背景之下,怎样提高出生率,增加劳动年龄人口是目前日本安倍政府面临的重要课题之一。

(一) 政府重视开发老年人力资源

2012年12月,安倍晋三第二次当选日本首相之后,采取各种措施开发老年人力资源。作为2013年的新举措,安倍政府主要推广落实"终生工作社会"活动,就是让所有老年人无论年龄多大,只要有工作意愿和工作能力就可以一直工作下去。同时,进一步发展老年人才中心,给老年人提供各种就业机会,帮助老年人就业。安倍内阁曾承诺要用"三支箭"来应对日本经济不景气的现状。这"三支箭"包括宽松的货币政策;大规模的财政刺激政策;《跨太平洋战略经济伙伴协定》(TPP)、放松管制和促进创新等在内的一揽子增长战略。然而这"三支箭"并没有取得成效,2015年9月,日本安倍内阁又提出了"新三支箭",在经济中加入了育儿支持和社会保障等内容。"新三支箭"旨在强化"强大经济"

---

① 総務省統計局:『人口推計(平成26年10月1日現在)』,http://www.stat.go.jp/data/jinsui/2014np/。

"育儿支援"和"社会保障"政策，提振日本经济，以期解决持续数年的结构性问题。在第一支箭的"强大经济"中提出，实现 GDP 600 万亿日元（2014 年 490 万亿）；进一步扩大女性、老年人、残障人士就业的问题，提倡为老龄人提供灵活的工作机会；制定"一亿总活跃计划"等。日本的人口预期寿命是世界最高，但其生育率却一直徘徊在低位。因此，在第二支箭的"育儿支援"中提出，50 年后维持总人口 1 亿人规模；实现总和生育率 1.8；要将等待入托的"待机儿童"人数降为零，① 同时扩大幼儿免费教育，对三代同堂和多孩家庭重点支持；截止到 2020 年度末之前，扩充保育所等服务设施，在目前基础上可以多接收 50 万人等措施。安倍面临的另一个挑战是，由于在未来的十年里，近 700 万婴儿潮时代出生的人们进入老年期，那些辞职在家照顾老年人的人数也将激增。因此，在第三支箭的"完善社会保障制度"中提出，加大对社会保障的投资，解决"工作

---

① 待机儿童：日本的公立托儿所对申请入托的幼儿家庭采取评分排位制度。经济条件较差，父母双方都必须外出工作而无人照顾孩子的家庭，往往评分较高，被安排优先入托。而那些评分低、排位靠后的家庭在落选后，则只能继续等待托儿所的某些孩子升幼儿园后空出名额来，甚至有些孩子一直到上小学都未能进入托儿所、幼儿园。

与护理的两立"课题，实现"护理离职为零"；完善养老服务设施，培育护理人才等。但是，短期内劳动力短缺问题仍然越来越严峻。

为缓解劳动力短缺问题，日本政府在2015年4月24日的内阁会议上确定了2015年《中小企业白皮书》（以下简称《白皮书》）。① 该《白皮书》指出，日本劳动力不足问题愈加严重，在经济不断复苏的当下，劳动力短缺有可能阻碍中小企业的正常发展。《白皮书》还介绍了许多解决劳动力不足的方法，比如，开发老年及女性劳动力。中小企业可以聘用那些有着在大型企业工作经验的退休员工，让他们来担当技术指导等职位。或是同地区不同行业的中小企业间可以展开合作，根据旺季和淡季，让员工相互补缺。从不同行业来看，由于东日本大地震重建以及2020年东京奥运会的影响，建筑业的劳动力尤为紧缺。同时，由于老龄化问题，社会医疗、福利设施等服务业的相关企业也感到了人手不足。2015年6月5日，日本召开了"为实现人人都能终生工作的社

---

① 『中小企業白書（2015年版）全文』，「概要」，第2部，http://www.chusho.meti.go.jp/pamflet/hakusyo/H27/PDF/chusho/01Hakusyo_gaiyo_web.pdf。

会、完善就业环境"的研讨会,并提出了相关报告书。报告书提出最大限度地发挥老年人的能力和积极性,减轻劳动力减少的压力,以此促进社会经济的可持续发展。主要内容包括促进65岁及以上老年人的就业、支援职业生活设计和能力开发、支援中老年的再就业、强化老年人才中心等。① 其次,针对65岁及以上的老年人继续实施雇用保险制度。2015年12月18日,日本厚生劳动省提出了《雇用保险改革案》,并于2016年3月29日在众议院会议上正式通过。日本改革雇用保险之前,如果65岁及以上老年人离开原企业另找工作时就不在雇用保险范围之内。而改革之后,65岁及以上老年人可以继续加入雇用保险,而且他们失业时最多可以得到相当于失业前50天工资的补偿;如老年人再就业时,又免除劳资双方的雇用保险保费。② 这在某种程度上减轻了中小企业的负担,鼓励中小企业继续雇用老年人,增加了老年人的

---

① 厚生労働省:「生涯現役社会の実現に向けた雇用・就業環境の整備に関する検討会報告書」,平成27(2015)年6月5日,http://www.mhlw.go.jp/stf/houdou/0000087875.html。

② 『日本経済新聞』、「介護者・高齢者、働きやすく 厚労省が雇用保険改革案」2015年12月19日,http://www.nikkei.com/article/DGX-LASDC18H0E_Y5A211C1PP8000/。

就业率。

（二）开发老年人力资源的各种措施

日本厚生劳动省与独立行政法人"高龄·智障·求职者雇用支援机构"联合开展促进老年人就业的竞赛，主要奖励那些积极促进老年人就业的企业。2015年全国182个部门参加了这项竞赛活动，经过严格审查，对46个部门颁发各种奖项，其中，京都中央信用金库（金融保险业）、田村工务店（建筑业）、东都金属印刷（制造业）、长生园（医疗护理业）、Full House Company（医疗护理业）等5个企业荣获了厚生劳动大臣颁发的奖项。[①]这些企业主要是目前劳动力最紧缺的建筑、医疗、福利等行业。这些企业都在逐渐延迟退休年龄或取消退休制度，改善老年人的就业环境，推进老年人的健康及安全管理，因此，身体健康、有工作意愿的老年人都能够继续工作。2016年7月15日开始，日本埼玉县开展了认定"活跃老年人的企业"活动，表彰那些积极聘用老年人

---

① ［日］独立行政法人高龄·智障·求职者雇用支援机构：「高年齢者雇用開発コンテスト」，http://www.jeed.or.jp/elderly/activity/activity02.html。

的企业。埼玉县拟通过此项活动在两年内鼓励1000家企业参与活跃老年人的活动，以此鼓励企业推动老年人就业。县政府还设有推动老年人就业的"高龄者活跃推进课"，在县内8个地方开展为老年人就业的论坛及职业咨询活动，该活动非常重视老年人希望找到工作和目前工作之间的契合性。

日本在开发老年人力资源方面非常注重舆论引导与社会共识。日本没有专门的老年报刊，但是所有的新闻媒体都传播老龄问题的信息，发表有关的评论和文章。他们这样做的理由是老龄问题事关全社会，只有通过大众媒介的宣传，才能引起全社会对老龄问题的关注。每年的9月15日是日本的敬老日，敬老日所在的这一周，日本的各大报纸都会发表有关敬老和养老的大量文章，其中包括敬老日活动的报道、厚生劳动省对退休人员的就业保障、总务省统计局对老年人口的调查材料、老年人来信与咨询，以及新建福利设施投入使用和商务部的敬老礼品广告，等等。

在各种政策的推动之下，安倍内阁时期65岁以上老年人的就业数量不断增多。根据日本总务省统计局调查结果，2015年日本65岁及以上的老年人的就业人数达到了730万人，比前一年增加了49万人。① 其主要原因是，就业人口中比例较高的60多岁男性迎来了退休期，加入老年劳动力队伍。此外，劳动力短缺的行业逐渐从制造业向护理等服务行业转移，大量需要老年人和女性劳动力，这也是日本近年老年人及女性就业人口比例逐渐增加的原因。

可见，经济结构的转变、教育水平的提高为日本开发老年人力资源提供了劳动空间和能力条件。虽然日本社会少子老龄化程度还在不断加深，劳动力人口将继续减少，但唯一可以确认的是，如果没有这些措施，日本的情况会比现在更加糟糕。

---

① ［日］総務省統計局：「労働力調査」，『平成27年（2015）労働力調査年報』，「基本集計」，第5页，http：//www.stat.go.jp/data/roudou/report/2015/pdf/summary1.pdf。

第三章　日本老年人就业再就业状况

随着日本人口老龄化程度的加深，日本就业结构产生了很大的变化。男性劳动力就业比重相对减少，女性劳动力就业比重相对增加；愿意继续雇用老年人的企业比重逐渐增加。不管是在国家政策上，还是在企业的人事战略上，老年人都是有待充分开发的劳动力资源。日本采取各种措施开发利用老年人力资源，充分发挥老年人的余热，促进日本经济的可持续发展。

一　日本企业积极推进老年人就业再就业工作

近些年来，日本政府着力促使企业让 65 岁以上的老年人继续工作，并积极创造老年人参加社会活动的有利环境，让老年人可以继续就业或参加各种有意义的志愿者活动。日本政府向老年人提出"自主、自立、共同劳动、互相帮助"的口号，呼吁在增加老年人的福利、提高老年人的健康水平、帮助老年人再就业方面要舍得花钱。在政策和制度的保障之下，日本老年人的就业率不断上升。64 岁以下低年龄段老年人的就业率保持在较高水平，雇用 65 岁以上高年龄段老年人的企业也在逐渐增多，这不仅发挥老年人的余热，而且在一定程度上缓解了劳动力不足的问题。

日本的企业界积极利用国家的各种政策推动老年人的就业。自 2006 年新修订的《高龄者雇用安定法》实施以来，"要保证员工到 65 岁为止都有就业机会"被确定为企业的雇用义务后，老年人的就业情况较此前明显改善。根据日本厚生劳动省《高龄者雇用实态调查》统计结果，2006年日本雇用60岁以上的老年劳动者的企业达到了59.4%，比2004年的调查提高了8.9%。从从事的工作性质来看，制造业最高，为81.1%，其次是建筑业71.1%，运输业69.6%。[①] 2013年4月实施新的《高龄者雇用安定法》后，更多的企业根据自身情况以及有关法律规定，进一步采取了保障老年人就业的措施。根据厚生劳动省统计，在所有日本企业中，2015年实行继续雇用制度并保障职工工作到65岁的企业比率已经达到了81.7%；提高退休年龄的企业有15.7%；直接取消退休年龄，使企业员工在身体情况允许的情况之下可以继续工作的企业有2.6%。特别是，在300人以上大企业中实行继续雇用制度的企业达到了92.0%（参见图8）。日本实施新的《高龄者雇用安定法》对于进一步缓解老年人的就业问题创造了有利环境，更多的老年人能够根据自己的意愿比较自主地选择继续工作，逐渐减少了受到外界限制的可能性。足见，越来越多的企业在为解决老年人的就业问题而努力。

---

① 厚生労働省：『平成20年高年齢者雇用実態調査結果の概況』，http://www.mhlw.go.jp/toukei/itiran/roudou/koyou/keitai/08/kekka.html#3。

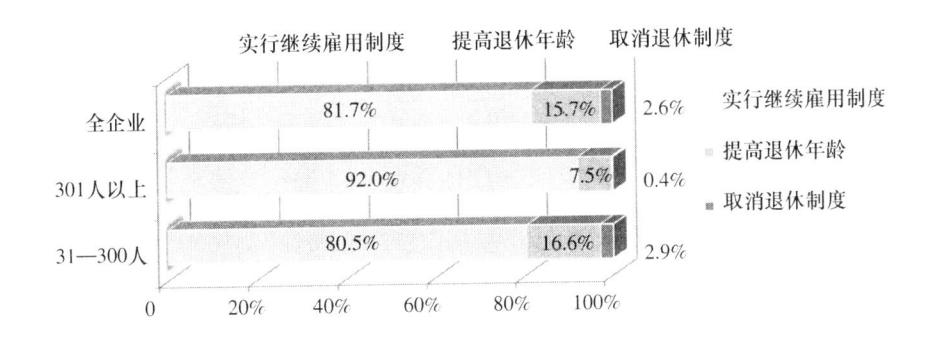

图 8 日本企业保障老年人就业措施情况

资料来源：厚生労働省『平成27年（2015）高年齢者の雇用状況集計結果』，第 4 页，http://www.mhlw.go.jp/file/04-Houdouhappyou-11703000-Shokugyouanteikyokukoureishougaikoyoutaisakubu-Koureishakoyoutaisakuka/271021_1.pdf。

随着平均寿命的延长和老龄化的进一步加剧，让员工工作到70岁以上的企业也不断增多。截至2015年10月，让员工继续工作到70岁以上的中小企业（规模为31—300人的企业）共有27994家，占所有中小企业的20.9%，大企业为1957家，占所有大企业（规模为301人以上企业）的12.6%（参见表6）。对于人手不足的日本企业来说，经验丰富的老年人成为重要的战斗力。比如，日本日用品大型批发商Paltac公司自2014年10月起，以包括临时工在内的7400名全部员工为对象，将返

表6　日本雇用70岁以上老年人的企业

	取消退休制度	70岁以上退休	70岁以上继续雇用制度	其他制度	合计	申报的全体企业
31—300人企业	3845	1452	16277	6420	27994	133554
	2.9%	1.1%	12.1%	4.8%	20.9%	100.0%
301人以上企业	65	20	1058	814	1957	15437
	0.4%	0.1%	6.8%	5.3%	12.6%	100.0%

资料来源：厚生労働省「高年齢者の雇用状況集計結果」，『平成27年（2015）報道発表資料』，第12页，http://www.mhlw.go.jp/file/04-Houdou-happyou-11703000-Shokugyouanteikyokukoureishougaikoyoutaisakubu-Koureishakoyoutaisakuka/271021_2.pdf。

注：在日本厚生劳动省统计中，规模为31—300人的企业称为中小企业；301人以上企业称为大企业。

聘年龄的上限从65岁提高至70岁。① 日本护理服务企业CARE 21于2014年4月取消了退休制度，员工只要愿意，并且有体力的话就能一直工作，该公司目前年龄最大的员工是一位86岁的女性②。此外，大型房地产中介

---

① 日本经济新闻（电子版），「Paltac、全従業員7400人を70歳まで雇用」，2014年10月1日，http://www.nikkei.com/article/DGXLZO77782270Q4A930C1TJ1000/。

② 彭博新闻（Bloomberg）（日文版），「『定年は自分で決める』80代まで現役も、アベノミクス600兆円の鍵」，2016年7月12日，https://www.bloomberg.co.jp/news/articles/2016-07-11/O8JDJB6TTDS101。

公司东急 Livable 也自 2014 年 4 月起,将返聘年龄的上限从 65 岁提高至 70 岁。[①] 在日本企业中或延迟退休年龄或取消退休制度正在成为一种趋势。

二　日本老年人就业率及职业选择

(一) 日本老年人的就业率不断上升

根据日本总务省的统计,日本老年人的就业率一直保持在较高水平。日本 60—64 岁老年人的就业率 2005 年为 52.0%,2015 年增加到 62.2%,一直呈增加的趋势。65 岁及以上老年人的就业率 2005 年为 19.4%,2015 年增加到 21.7%,大体为 20%,一直保持比较平稳的状态 (参见表 7)。根据日本内阁府的统计,1980 年日本劳动力人口为 5650 万人,其中,65 岁以上劳动力人口为 279 万人,占 4.9%;而 2014 年日本劳动力人口为 6587 万人,其中,65 岁及以上的劳动力人口增加到 696 万人,占 10.6%,首次超过了 10%,在劳动力人口中 65

[①] 東急リバブル株式会社,「『キャリアエキスパート再雇用制度』を新設」,2014 年 3 月 20 日,参见東急不動産ホールディングス网站: https://www.tokyu-fudosan-hd.co.jp/news/pdf/135。

岁及以上人口所占的比率不断增加（参见图9）。

表7　　　　2005—2015年日本老年人就业率变化　　　（单位:%）

年龄\年份	15—19	20—24	25—29	30—34	35—39	40—44	45—49	50—54	55—59	60—64	65岁及以上
2005	14.7	63.5	79.2	75.7	76.8	81.1	82.9	79.6	73.8	52.0	19.4
2006	14.9	64.2	80.0	76.2	77.3	81.7	83.1	80.5	73.8	52.6	19.4
2007	14.9	64.6	80.2	77.2	77.8	82.1	84.1	80.9	74.5	55.5	19.7
2008	14.9	64.3	80.3	77.3	78.0	81.6	83.5	81.3	74.5	57.2	19.7
2009	13.8	62.5	79.7	77.2	77.3	80.6	82.6	80.9	74.2	57.0	19.6
2010	13.6	62.1	79.6	77.8	77.7	80.6	82.9	81.1	74.5	57.1	19.4
2011	13.1	62.8	80.1	78.0	78.5	80.5	83.0	81.1	75.2	57.1	19.2
2012	13.4	62.6	80.3	78.6	78.8	80.8	83.1	81.3	75.4	57.7	19.5
2013	14.5	64.1	81.0	79.5	80.1	81.6	83.4	82.4	76.8	58.9	20.1
2014	15.3	64.6	82.1	80.1	81.0	82.6	83.8	82.9	78.1	60.7	20.8
2015	15.6	64.8	82.3	80.2	81.2	83.4	84.3	83.4	78.7	62.2	21.7

资料来源：総務省統計局「労働力調査長期時系列データ」,『年平均年齢階級（5歳階級）別就業者数及び就業率』, http://www.stat.go.jp/data/roudou/longtime/03roudou.htm。

今后日本65岁及以上老年人继续工作的比率还将不断增高。根据日本社会保障与人口问题研究所的估测，日本2012年65—69岁老年人的就业率为38.2%，到2030年将增加至49.9%；2012年70—74岁老年人的就

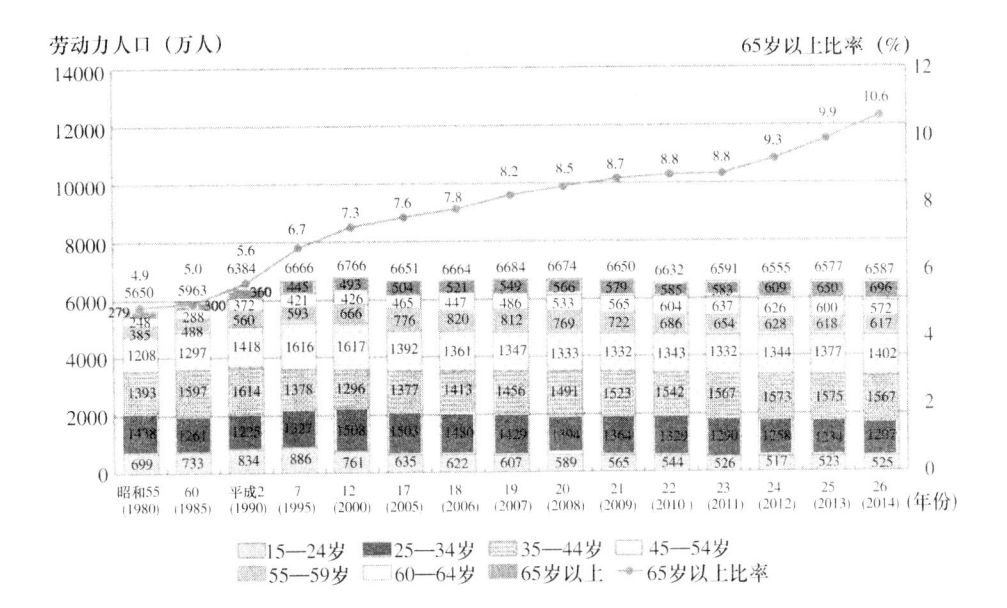

图 9　日本劳动力人口的推移

资料来源：内阁府『平成 27 年版高龄社会白书（概要版）』，「高齢者の就業」，http：//www8.cao.go.jp/kourei/whitepaper/w-2015/html/gaiyou/s1_2_4.html。

业率为 23.4%，2030 年将增加至 29.2%。虽然随着年龄的增长其就业率呈现下降的趋势，但每个年龄段的就业率仍然在增加（参见表 8）。

日本老年人的就业形势一般受经济发展水平的影响。从 2007—2010 年日本 60—64 岁老年人的完全失业率急剧上升，这主要是因为全球性金融危机的影响导致日本经济的整体衰退，大量企业倒闭，使老年人的就业陷入

表8　日本不同年龄层劳动参与率估测（2012—2030年）

（单位:%）

年　龄	总数			男			女		
	2012年	2020年	2030年	2012年	2020年	2030年	2012年	2020年	2030年
总数	59.1	59.3	60.1	70.8	69.7	70.2	48.2	49.7	50.8
15—19	14.7	17.1	19.9	14.8	18.1	22.9	14.6	16.1	16.7
20—24	68.0	68.9	72.5	67.4	67.5	73.0	68.7	70.5	72.0
25—29	85.8	88.3	91.7	93.6	94.2	95.6	77.6	82.1	87.5
30—34	82.4	87.7	91.4	96.0	96.6	96.8	68.6	78.5	85.7
35—39	82.3	86.7	91.2	96.5	97.3	97.5	67.7	75.8	84.4
40—44	84.1	88.4	92.2	96.2	97.2	97.6	71.7	79.5	86.6
45—49	86.0	88.9	91.0	96.1	96.8	97.4	75.7	80.9	84.5
50—54	84.2	88.1	91.0	95.0	95.7	96.6	73.4	80.6	85.4
55—59	78.3	81.8	85.4	92.2	92.9	93.8	64.6	70.8	77.0
60—64	60.4	67.4	72.7	75.4	86.0	90.9	45.8	49.4	55.1
65—69	38.2	43.6	49.9	49.0	58.0	66.7	28.3	30.2	34.2
70—74	23.4	25.5	29.2	31.0	33.1	39.3	16.8	18.7	20.2
75—79	13.3	13.7	16.0	18.7	18.5	22.2	8.9	9.8	10.9
80—84	7.2	7.0	8.2	11.0	10.2	11.5	4.7	4.7	5.8
85岁以上	2.8	2.7	2.9	5.7	5.1	5.1	1.6	1.6	1.8

资料来源：国立社会保障人口問題研究所『人口統計資料集（2016年版）』，http：//www.ipss.go.jp/syoushika/tohkei/Popular/P_Detail2016.asp?fname=T08-04.htm。

困境。2011年之后经济形势有所好转,老年人的就业形势也随之好转,完全失业率下降到4.0%,达到历史最低水平。65岁及以上老年人的失业率一直保持在比较平稳的水平(参见图10)。

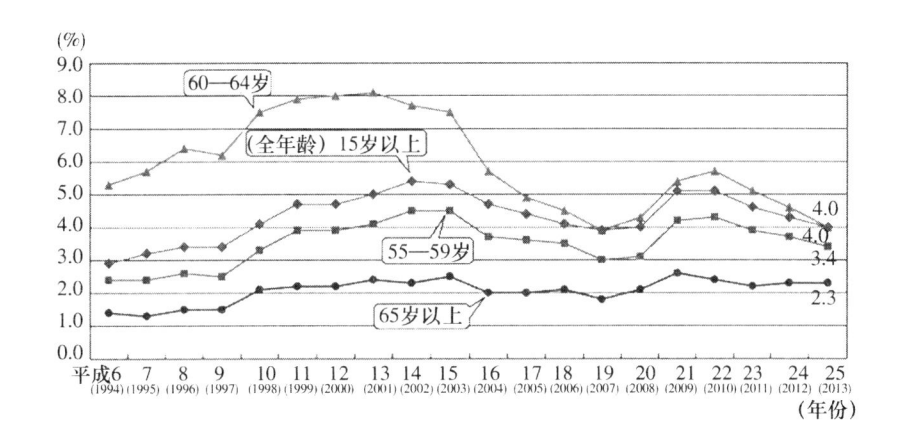

图10 日本老年人完全失业率

资料来源:内阁府「高齢者の就業」,『平成26年版高齢社会白書(全体版)』,参见 http://www8.cao.go.jp/kourei/whitepaper/w-2014/zenbun/s1_2_4.html。

可见,在政府政策扶持和职工本人意愿增强的前提下,日本老年人的就业率不断增高,对于人手不足的日本企业来说,经验丰富的老年人成为重要战斗力。大量高龄老人再就业已经成为日本劳动力的重要组成部分,也充分反映了日本出生率不断下降、人口严重老龄化、年轻劳动力不足等社会经济的结构性问题。

（二）老年人的就业形式灵活多样

日本老年人退休后仍有很高的工作热情，许多老年人工作更多是充实老年生活、体验工作快乐和社会参与等休闲目的。受传统文化的影响，日本老年人对"工作、劳动"抱有积极意义的理解，认为"劳动"能带来生活规律和节奏感，有利于身心健康，可以从中得到"老有所为"的满足感和老人在家庭、社会中的存在感。为了满足健康老年人继续工作的需要，日本政府鼓励企业积极创造适合老年人的短工、小时工等灵活多样的雇用形式。在东京等城市的街头，随处可以看见工作忙碌的老年人。在上下班高峰时，东京的电车、地铁中，头发花白、西装笔挺的老年人与年轻的工薪族一样步履匆匆。在餐厅、超市里，老年人和年轻的小伙子一样，身着工作服卖力地工作。从职业选择方面看，在60岁以上的男性中，人气最高的是"从事分拣、零售等较轻松工作，或是在医院中干些轻活儿"，在这些职业中65岁及以上男性的就业率为6%，而60—64岁的男性中就业率则有

16%。"机动车驾驶"工作也是在老年人中很受欢迎的职业,65岁及以上和60—64岁男性的就业率分别为24%和50%。① 而大部分的女性老年人从事的是保洁、服务行业工作,一般没有固定的职业,她们的养老面临很大的困难。实际上,那些"退而不休"的老年人很多是出于交友或不希望被孤立的目的,他们认为"活一天就要发光发热贡献一天",一旦脱离工作,不但不利于健康,更重要的是意味着自己脱离了社会。

如今,老年劳动力已经成了日本劳动力的重要组成部分,反映出日本经济长期低迷、出生率不断下降、人口结构严重老化、年轻劳动力不足等社会经济结构性问题。随着经济形势以及社会观念的变化,老年人的劳动意识也发生了变化,很多老年人希望在65岁以后继续工作。虽然日本老年人为了实现人生价值、与时俱进地融入社会的现象比较多,但目前因为"经济原因",即为了确保生活水平不下降而继续工作的老年人也不断增多。由于日本经济持续低迷,养老金多年来几乎没有增长,很多退休老年人的实际生活质量受到明显影响。据日本

---

① 『読売新聞』,2013年7月1日。

厚生劳动省统计，2014年普通日本中产阶级家庭中，夫妇两人每月领取的养老金为21.8万到23万日元（约合1809美元到1909美元）。[①] 按照目前的物价水平，仅凭这些养老金，很难维持夫妇两人舒适体面的生活。因此，增加老年人就业，不仅能够弥补劳动力不足，还可以增加老年人的家庭收入，增加消费支出。

近几年，日本老年人的消费支出出现了增加的趋势。根据日本总务省"家计调查"统计，日本老年人的消费支出从2000年开始一直上升，到2012年老年人的消费支出在个人总消费中所占的比率达到了33.0%，占总消费支出的三分之一（参见图11）。根据日本内阁府"有关高龄者经济生活的意识调查"（2011年）统计，60岁以上老年人优先考虑的消费支出是为维持健康的医疗护理支出，为42.8%，有关旅行的支出是38.2%，为儿孙的支出为33.4%，对修建房屋的消费支出为27.3%。[②]

---

① 厚生労働省：「国民年金及び厚生年金に係る財政の現況及び見通し」，第19页，http：//www.mhlw.go.jp/nenkinkenshou/report/pdf/h26_01.pdf。
② 前田泰伸：「高齢者の消費について」，『立法と調査』2013年11月第346期，参議院事務局企画調整室編集・発行，第144页。http：//www.sangiin.go.jp/japanese/annai/chousa/rippou_chousa/backnumber/2013pdf/20131101141s.pdf。

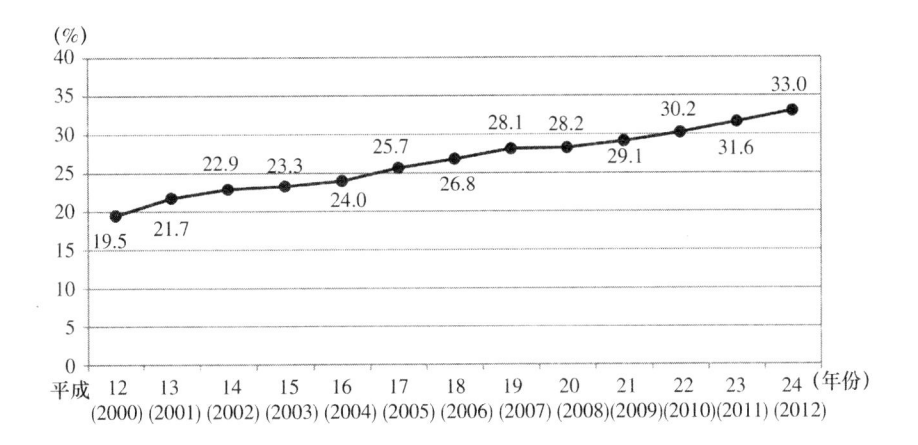

图11　老年人消费在消费总支出中所占的比例

资料来源：前田泰伸「高齢者の消費について」，『立法と調査』2013年11月第346期，参議院事務局企画調整室編集·発行，第143页，http：//www.sangiin.go.jp/japanese/annai/chousa/rippou_chousa/backnumber/2013pdf/20131101141s.pdf。

足见，在日本继续工作的老年人数量正在增加，老年人的就业选择也趋于多样化。在退休金越来越少、劳动力明显不足的日本，继续发挥老年劳动力的余热，也不失为一个有利自身有利社会的选择。日本开发老年人力资源，不仅可以弥补劳动力不足，还可以增加老年人家庭收入，从而增加消费支出，有利于整体经济的恢复。

三 日本开发老年人力资源存在的问题及对策

日本通过积极开发老年人力资源充分利用了老年劳动者长年积累的经验和技术，在一定程度上缓解了劳动力不足的问题，老年人就业方面得到了较好的保障，增加了老年人的经济收入。但是，大批的老年人口参与了就业和再就业的竞争，必然会增加社会就业和再就业的压力。在经济低迷时期如何合理安置老年人就业、减少其对社会就业的压力，也是日本面临的课题。

首先，一方面，日本劳动力人口减少的加速，促进了老年人力资源的开发，但另一方面对企业的影响也比较大。以前，企业是对那些达到退休年龄但有继续工作意愿的员工有选择的权利，企业不需要聘用所有到退休年龄的员工至65岁。而新的《高龄者雇用安定法》规定，只要员工本人有继续工作的意愿，企业就必须继续聘用员工至65岁，这让一些企业难以马上适应，并面临一些问题。从日本整个社会来讲，参加工作的老年人不断增加，将在一定程度上抵消劳动人口减少的影响，并促进经济的增长。但是对企业而言，除了降低企业活力之外，还会给企业增加人力成本。到目前为止，日本企业大多都是以职工60岁退休为前提条件制定人事、工资等制度，而实行65岁退休制度以后，企业便增加了人力成本负担。为了解决这个问题，日本政府采取了对企业给予一定补助的措施。例如，企业每继续雇用一名60岁以上老年人（非短时工）时，国家给予大企业50万日元的补助金；对于中小企业给予90万日元的补助金，期限均为1年；企业每继续雇用一名60岁以上老年人（短时工）时，国家给予大企业30万日元的补助金；对于中小企业给予60万日元的补助金，期限均为1年（参见表9）。

日本又出台了支持帮助中小企业推迟职工退休年龄、扶持中老年者"创业"的相关政策。为了满足一些老年人65岁以后还希望继续工作的愿望，政府鼓励企业一直雇用劳动者到70岁，并对于积极雇用70岁以上老年人的企业给予适当表彰。日本厚生劳动省从2007年4月起设立"提高退休年龄奖励金"，并对将职工退休年龄延长到70岁的中小企业进行奖励。同时，日本还设立"高龄者雇用专项资金"等专项奖励金，奖励积极为老年人创造工作机会的企业。这些措施对日本企业在继续雇佣老年人方面起到了很好的推动作用。

表9　　日本对继续雇用老年人企业的补助措施

补助对象	补助金额		补助期限	
	大企业	中小企业	大企业	中小企业
60岁以上老年人（非短时工）	50万日元/人	90万日元/人	1年	1年
60岁以上老年人（短时工）	30万日元/人	60万日元/人	1年	1年

资料来源：根据広田薫『改正高年齢者雇用安定法の解説と企業実務』，日本能率協会総合研究所，2012年，第174—175页资料制作。

短时工：每周工作时间在20小时以上30小时以下的人。

其次，在日本虽然大部分人赞成延迟退休年龄，但也有一些人反对。其理由是延迟退休年龄将影响年轻人就业。根据日本总务省统计，2015年日本就业人数为6376万人，比2014年增加了25万人，而其中15—64岁的就业人数减少了24万人，65岁及以上老年人就业人数则增加了49万人，为730万人（参见表10）。有人认为，这是由于老年人就业人数的增加，影响了年轻人工作岗位而出现的现象。但实际上这些不完全是老年劳动力增加的结果，而是人口的持续减少使日本缺少劳动

表10　　　　　　日本各年龄段就业人数变化情况　　　（单位：万人）

年份	总数	15—64 岁	65 岁及以上
2003	6316	5840	477
2004	6329	5848	480
2005	6356	5862	495
2006	6389	5878	510
2007	6427	5889	539
2008	6409	5856	553
2009	6314	5750	565
2010	6298	5728	570
2011	6289	5718	571
2012	6270	5675	595
2013	6311	5676	636
2014	6351	5670	681
2015	6376	5646	730

资料来源：総務省統計局『労働力調査年報（平成27年）』，第5页，http：//www.stat.go.jp/data/roudou/report/2013/pdf/summary1.pdf。

力补充来源所引起的。据日本总务省统计，1970年，日本劳动力人口数量为5153万人，其中15—24周岁的有1108万人，占劳动力人口总数的21.5%，25—34周岁的有1248万人，占24.2%，65周岁以上的有231万人，占4.5%；2010年劳动年龄人口数量为6632万人，15—24周岁的只有544万人，占劳动力人口总数的

8.2%，25—34周岁的有1329万人，占20%，65周岁以上的有585万人，占8.8%。① 这种现象一直持续到现在。年轻劳动力继续减少，老年劳动力逐渐增多，劳动力人口一直呈现老化趋势，日本的劳动力补充来源将进一步减少。

日本厚生劳动省也认为，老年劳动力的增加对年轻人的就业会有一定影响，但这不是主要原因。经验少的年轻人和熟练的老年人所起到的作用不同，不构成竞争关系。而且在有些行业，年轻人宁肯失业也不去工作。比如，在建筑行业，2013年65岁以上就业者增加了6万人。但年轻人对于那些东日本大地震后的重建工程和旨在刺激经济增长的公共事业很少感兴趣，这导致更多的失业。② 通过对日本行政社会就业希望调查发现，20世纪80年代后，年轻人的就业意识就有了很大的改变。想在一个公司工作到退休年龄的员工比重逐渐减少，更多的年轻人选择根据情况而定。尤其是从20世纪90年代开始，具有在一个公司长期工作意识的员工比重进一步

---

① ［日］総務省統計局：「労働力調査長期時系列データ」，http://www.stat.go.jp/data/roudou/longtime/03roudou.htm。
② 《日本老年人就业走在世界前列》，人民网日本频道，2014年2月19日，http://cjkeizai.j.people.com.cn/n/2014/0219/c368507-24408002.html。

下降。越来越多的年轻人不愿意接受终身雇用制度所追求的企业文化，他们更看重的是自己所谋求的工作是否有意思，因此，其离职率不断上升。这也是年轻人就业率下降的原因之一。

总之，日本针对人口老龄化和劳动年龄人口的减少，通过开发老年人力资源充分利用了老年劳动者长年积累的经验和技术，在一定程度上缓解了劳动力不足的问题，从而减少了老龄化社会对经济产生的不利影响，而延迟退休年龄是保障人力资源的有效方法之一。

第四章　对中国的启示与建议

当前，人口老龄化已对中国经济和社会发展构成了严峻挑战，积极应对人口老龄化是中国的一项长期战略任务之一。根据国家统计局发布的数据，截至2014年年底，中国65岁及以上的老年人口数为1.38亿人，占总人口的比率为10.1%，首次超过了10%。而15岁至64岁的劳动年龄人口数量逐渐下降，从2010年的74.5%，下降到2014年的73.4%，连续四年在下降，中国人口红利正在逐年缩水。① 因此，尽快制定相关制度已迫在眉睫。随着社会经济的发展和人口结构情况的变化，今后继续雇用有工作意愿的老年劳动力是大势所趋。在这种

---

① 《中国统计年鉴2015》，中华人民共和国国家统计局编，http://www.stats.gov.cn/tjsj/ndsj/2015/indexch.htm。

背景之下，中国正积极探讨延迟退休年龄政策。但采纳何种形式、何时开始仍在探讨之中，而目前关注的重心是如何使继续雇用老年人带来的冲击最小化。在这方面，我们可以借鉴日本经验，结合中国的实际情况，健全中国开发老年人力资源的政策体系。

一 加强政策扶持力度，为老年人参与经济社会活动提供法律保障

随着中国的人口老龄化进程的加快和政府养老金支出的不断增加，现行退休制度中存在的问题日益突出，退休年龄问题成为社会各界争论的焦点。中国现行退休年龄制度开始于20世纪50年代的《劳动保险条例》，男性为60周岁，女干部为55周岁，女工人为50周岁。而目前中国人口健康水平大大提高，人口平均寿命达到了75岁，城市人口平均年龄已经达到了80岁。因此，目前较早年龄段的退休制度，一方面增加国家的养老负担，另一方面造成人力资源的浪费。较早退休的大部分人一般身体健康，不仅拥有丰富的工作经验，还有强烈的工作欲望。而现行的退休制度使他们不得不离开工作岗位，

脱离社会。因此，中国政府有必要对现行的退休制度进行调整，提高法定退休年龄，实施弹性退休制度。在人口平均预期寿命不断提高的今天，弹性退休制度符合整个经济社会和人口结构的发展趋势，也符合人口的寿命结构。

当然，提高退休年龄的过程应该是逐步的、渐进式的，不能"一刀切"，要有一定的缓冲时间。规定下限和上限，在这个范围内个人可以根据自己的意愿和身体条件决定退休时间，实行弹性退休制度。在人口老龄化背景之下，日本政府先后出台了多项有关逐步延迟退休年龄的政策法规，逐步实现了延迟退休制度，保障老年人的就业与再就业。日本自1973年首次提出将退休年龄延迟至60岁的目标到1998年以法律的形式明确规定企业都有义务雇用老年人至60岁，时间跨度长达25年。而将60岁退休年龄提高到65岁的制度，从1999年在《第九次雇用对策基本计划》中首次提出到2013年制定新的《高龄者雇用安定法》最终确定经历了14年的时间。这些说明日本有关延迟退休年龄的政策具有渐进性和阶段性的特点。

因此，我们一方面对某些行业可以适当延迟退休年龄。例如医生、教育、研究机构等行业。据统计，中国目前约有 600 多万离退休科技人员，占全部科技人才总数的五分之一，其中，70 岁以下具有中高级职称、身体健康、有能力继续发挥作用的约有 200 万人。[①] 鼓励这些人继续就业和参与多种形式的社会活动，有利于缓解我国人才资源的结构性矛盾。另一方面，也要考虑到一些体力劳动者的身体状况，可以根据情况允许他们提前退休。为了从根本上保护老年人的合法权益，有关部门应尽快制定出台保护老年人劳动权利的法律法规，对现行法律中的有关条款进行修订完善，出台具有较高操作性的实施办法，规范老年人再就业的实践，确保老年人的劳动权利不受任何歧视和侵犯，保护老年人继续参与社会发展的热情，为解决他们再就业过程中遇到的人力资源管理问题提供基本原则和法律保障。特别是，建立更为完善的养老保险制度，增进老年人继续工作的意愿尤为重要。日本早在 1961 年就实现了养老保险的全民覆盖，目前已形成较为完善的养老保险体系。在日本，养老保险主要是保障社会成员的基本生活需要，老年人的

---

① 《人力资本管理》，参见 http://www.hroot.com/hcm/242/268286.html，2014 年 8 月 22 日。

生活费用一般来自三个方面：养老金、个人存款和劳动收入。为满足更好的生活要求和不时之需，健康的老年人都有较强的工作愿望。同时，日本鼓励老年人推迟领取养老金的时间，领取的时间越晚，每月领取的养老金越多，① 这从另外一个方面增进了老年人的工作热情。我国正在建立和完善养老保险等社会保障制度，在人口老龄化条件下，采取更为完善、更为合理的退休年龄和养老保险制度尤为重要，既要保障老年人的基本生活需要，也要增进老年人继续工作的意愿，以实现养老保险制度的可持续发展。

二 加强对老年人力资源的培训开发，搭建老年人的就业平台

培训是开发人力资源的主要方式。对老年人的培训和开发要本着终身学习的原则，在尊重老年人个人选择的基础上，鼓励和帮助他们积极参与教育和培训活动，接受再教育，相信他们能够继续成长和发展。首先，大

---

① 日本年金制度规定，65岁以后，领取养老金时间每推迟一个月，可以在法定养老金的基础上增加0.7%。

力发展针对老年人的职业介绍所，一方面对老年人进行职业培训，另一方面根据老年人的特长、兴趣推荐比较适合每个老年人的工作岗位。中国目前非常缺少老年职业介绍所。相对于其他年龄段的人，老年人的就业机会较少。原因在于老年人对于新环境、新技术的适应力弱、体力差。在人口老龄化不断加剧的情况下，我们要积极发展和完善老年人力资源的信息库，及时收集相关资源信息，免费为老年人才登记入库，组建老年职业介绍所，定期为老年人才交流提供场所，给老年人发挥余热创造有利环境。

日本在这方面做得较好，积极促进老年人才中心的发展，为老年人就业、再就业提供了有利环境。根据《高龄者雇用安定法》的规定，日本从1986年开始在各大城市和市町村的社区设立"银发人才中心"（以下简称"中心"）。"中心"是公益法人，其前身是在政府帮助下建立发展起来的称作"高龄者事业团"的地方公共团体。在知识经济时代，老年就业者经常会碰到与年轻就业者一样如何适应工作变化的问题。因此，"中心"一般将辖区内60岁以上愿意在社区范围内从事经济生产活动的老年人的特长、技能及希望工作时间等信息登记在册，并进行专业分类，然后提供临时短期的工作岗位和机会。"中心"经常对老年人进行职业培训，让老年人掌握更多的技能，为再就业创造有利的条件。另外，随着延迟退休年龄制度的实施，日本企业积极扩大适合老年人的工作岗位。例如，在制造业，让老年人主要负责安全监督的工作；在金融机构，发挥老年人长期积累的职业经验，让老年人从事咨询、培训员工等工作。因此，建立老年人职业介绍所，根据老年人的不同爱好兴趣，介绍相应的工作是一种很好的补助手段。

三 积极推动老年志愿者活动，是促进老年人参与社会经济发展的重点

在发挥老年人余热方面，志愿者活动非常受欢迎。在很多工作中，那些短期或者临时的工作更适合老年人作为生活中的一种调剂。尽管总的收入不高，但大部分老年人都不太介意，特别是对于一些公益事业，很多老年人还常常以志愿者的身份参与。老年劳动力本身就是宝贵的人力资源，他们拥有良好的知识积淀、丰富的阅历和经验，与青壮年劳动力资源形成互补。中国目前在

老年人灵活就业和公益式参与方面的政策不够完善。很多老年人虽然有一技之长和丰富的社会经验，但可能因为身体健康的原因不能参加全日制的工作，这就需要有灵活的就业和社会参与政策来鼓励和帮助他们实现贡献于社会的愿望，目前我国这方面的政策还十分欠缺。也有很多老年人参与了社区的志愿者工作，比如，维护社区的秩序，参加绿化美化环境的活动，但是没有任何报酬，得不到社会的充分肯定，这在一定程度上影响了他们参与社会活动的积极性。

日本早在1998年就制定了《特定非营利活动促进法》，有力地推动了非营利组织（NPO）的蓬勃发展。该法律使从事增进福利事业、保护环境、提供灾害救助、振兴文化艺术体育事业等12个领域活动团体获得了法人资格。这些团体是日本社区活动的主体力量，其中大部分集中在对老年人及残疾人等弱势群体的帮助方面。日本在聘请老年人方面非常注重健康问题。在面试阶段认真了解健康状态、以往病史等，在此基础上给老年人提供与其健康状况相适应的工作岗位。一些住宅小区采取了定期上门问候以确认老年人身体状况的措施。这些工作大部分是由低龄老年人来承担，为高龄老年人服务。

日本"生活与支援相关调查"表明,16.7%的65岁以上的独居男性在日常生活中"包括打电话在内的寒暄频率"为两周一次。① 这些现象很容易使老年人陷入孤独的境地,从而导致"孤独死"现象。因此定期上门问候服务在一定程度上缓解了独居老年人的心理问题,受到社区居民的热烈欢迎。日本老年志愿者本着为弱势老年人群服务的理念扎根社区,并积极开展各种工作,为后来法律法规的制定和推动监管起到了很大的作用。作为民间非营利组织,日本的NPO在福利、环境保护和城市建设等领域正发挥着越来越大的作用。NPO活动追求的是社会效益,但是参加者的交通费、餐费和一定数额的工作报酬是得到保证的。

借鉴日本经验,中国应完善鼓励老年人多种方式参与社会活动的政策,建立鼓励、帮助有能力的老年人积极参与志愿者活动的机制。随着中国经济的发展和人民生活水平的不断提高,长寿老人、健康老人已成为老年群体中的亮点。他们热爱生活,乐于奉献,并在奉献中体验快乐,这已成为长寿老人的共同特点。所以,老年

---

① 《环球时报》2014年4月9日。

志愿者计划是社会进步与发展过程的必然，是时代的需要，也是社会文明的需要。通过志愿者服务这个大舞台，充分发挥老年人的作用，使其参与社会活动，尽其所能，有所作为，使老年人都能得到应有的尊重。

四 促进老年人继续工作的同时，积极推动年轻人的就业，避免代际之间就业矛盾的发生

随着社会经济的发展和人口结构情况的变化，一方面，继续雇用老年人的政策将越来越受欢迎。但另一方面，劳动力就业压力仍然较大，特别是以大学毕业生为代表的年轻人的就业压力更大，因此，有些人担心，老年人的继续就业会影响年轻人的就业。其实，继续雇用老年劳动力与年轻人就业并非相互排斥的关系，两者都是国家就业政策的重要组成部分。

日本的经验是在开发老年人力资源的同时，积极推动年轻人的就业。日本采取全国统一的就业制度，政府、高校和用人单位等密切配合促进大学生的就业。而且大学生个人的就业观念也在逐渐发生变化。日本的文部省

是总管全国教育工作的管理机构，为大学生就业工作的开展做总体部署和指导，但是直接负责大学生就业的是日本厚生劳动省。日本政府相关部门制定了一系列促进大学生就业的公共政策，形成了一套大学生就业促进政策体系和切实可行的政策措施。2000年日本提出了《充实大学生生活方针和政策》的报告，提到了改善学校学生生活的各种方针和政策，并要求各大学不断改善教育内容和方法，积极培养学生的职业观和勤劳观。日本厚生劳动省委托日本经济联合会于2001年12月开始推动就业体验事业，让更多的企业接受就业体验制度，为大学毕业生提供了无偿的职业指导和职业介绍服务。这不仅推动了大学教育制度和企业用人制度的改革，而且有利于大学生职业观的形成和就业经验的积累。日本政府还力争公开全社会的雇用信息，以解决用人单位和求职学生间存在的供求矛盾问题。其中，厚生劳动省建立了"学生职业综合支援中心"，将民间职业中介机构提供的招聘信息和求职学生登录的个人资料汇总起来，使企业和大学生可以迅速、便捷地搜索和了解各自所需信息。为解决大学毕业生就职后频繁跳槽的问题，厚生劳动省在2014年设置了"就业促进稳定补贴"，规定如果再次就业的人在半年时间内工资一直低于上一份工作的工资水平，在个人提出申请、政府进行资格审核后可以为其提供补贴。日本大学注重就业形势，教育内容接地气。每个大学都设有就业指导中心。在文部省的指导下，2010年推出了为期5年的"大学生就业能力提高计划"，对各大学的具体就业指导工作提供援助，大力培养在校大学生的专业技能。大学教育将一些实用科目纳入学分必修课程；加强大学与地方产业界的联系，大学与企业共同承担实用科目的教学等，使大学生通过进入企业实习来获取相关职业技能。

日本企业加强与大学的信息沟通，积极支持大学的就业活动。2002年，日本企业制定了《关于新毕业学生录用、选考的企业伦理宪章》，严格把关录用、选考活动。尽量禁止过早开始这些活动，尤其是要求慎重对待尚未达到毕业学年的学生进行选考活动，录用活动必须尊重大学的学习日程；取消妨碍学生自由就业的各种约束等。企业的配合和支持，对于日本大学生就业促进政策的顺利实施无疑也发挥了积极的推动作用。日本中小企业厅还推出了应届大学毕业生就业支援项目，政府拿出108亿日元专项资金给予符合条件的实习生每天7千日元的技能学习补助，同时企业每接受一名实习生将得到每天3500日元的教育训练补助和1300日元的实习学生宿舍补助。①

可见，在人口老龄化加剧、就业形势严峻的情况下，确保各项政策措施落到实处，为老年人和年轻人就业创造较好的空间与平台，避免世代之间就业的矛盾尤为重要。中国可以借鉴日本经验，政府、企业、教育机构等各方共同努力，延迟退休和年轻人就业对策并举，形成代际之间互相和谐的良性互动。

总之，当前中国经济发展正面临着劳动力资源结构性短缺问题，今后还可能出现劳动力全面短缺现象。人口预期寿命延长了人们能够参与劳动的时间，这不仅意味着社会劳动力资源的增多，有利于人口红利的延长，而且可以使劳动力成本下降，有利于经济发展。老年人力资源开发在很大程度上可以避免人力资源闲置，变老龄化的压力为动力，为老龄社会的可持续发展提供保障。同时，老年人力资源的有效开发能够给家庭带来经济上的收益，改变老年人在家庭中"经济负担"的地位，消

---

① 人民网，日本频道，《日本大学生就业率创新低　政府出补助建就业桥梁》，参见 http://cjkeizai.j.people.com.cn/98730/7214607.html。

除了可能由经济问题产生的隔阂和矛盾。鼓励老年人就业与再就业、参与经济社会建设是在老龄化加剧的形势下，缓解社会保障压力、提高老年人生活质量和福利水平的重要举措。诚然，日本开发老年人力资源的发展是由其特定的社会发展阶段、经济发展水平、科技实力、法律环境、人口素质等因素综合决定的。中国人口老龄化程度虽然还没有日本那样严重，但老年人的绝对数量已居世界之冠。因此，在老年人就业与再就业方面必须未雨绸缪，在完善社会保障制度的同时，采取强有力的应对措施，开发老年人力资源，鼓励老年人积极参与社会活动，促进社会健康稳定的发展。

参考文献

一 中文文献

王伟:《日本社会保障制度》,世界知识出版社 2014 年版。

吴佩军:《日本企业雇佣制度的历史考察》,中国社会科学出版社 2010 年版。

王桥主编:《东亚:人口少子老龄化与经济社会可持续发展》,社会科学文献出版社 2012 年版。

冯昭奎:《日本、世界、时代》,中国社会科学出版社 2013 年版。

崔万有:《日本社会保障研究》,北京师范大学出版社 2009 年版。

杨立新、于洋、金炳彻：《中日韩生活保护制度研究》，中国经济出版社 2012 年版。

赵立新：《德国日本社会保障法研究》，知识产权出版社 2008 年版。

杨菊华：《人口转变与老年贫困》，中国人民大学出版社 2011 年版。

施锦芳：《人口少子老龄化与经济社会可持续发展——以日本为例》，科学出版社 2015 年版。

李享等：《老龄化背景下的休闲行为研究》，中国旅游出版社 2015 年版。

伯托奇等：《人口老龄化、退休安排与养老金困境的优化》，赵建国、李佳译，东北财经大学出版社 2015 年版。

高利平：《健康老龄化研究》，山东人民出版社 2011 年版。

二　日文文献

広田薫：『改正高年齢者雇用安定法の解説と企業実務』，日本能率協会総合研究所，2012 年。

布施值春:『雇用延長制度のしくみと導入の実務』,日本実業出版社 2013 年版。

高木朋代:『高年齢者雇用のマネジメント』,日本経済新聞出版社 2008 年版。

五石敬路編:『東アジアにおける都市の高齢化問題』,国際書院,2011 年。

坂田周一:『社会福祉政策―現代社会と福祉』,有斐閣アルマ,2014 年。

松原治郎編:『日本型高齢化社会』,有斐閣選書,1981 年。

橘木俊詔:『現代女性の労働、結婚、子育て』,ミネルヴア書房,2008 年。

京極高宣:『社会保障と日本経済』,慶応義塾大学出版会,2007 年。

二木立:『安倍政権の医療、社会保障改革』,勁草書房,2014 年。

三 日文网站

日本国立社会保障・人口問題研究所,http://

www. ipss. go. jp/。

日本総務省統計局，http：//www. soumu. go. jp/toukei/。

日本厚生労働省，http：//www. mhlw. go. jp/。

日本内閣府，http：//www. cao. go. jp/。

丁英顺，女，1967年4月生，吉林人，中国社会科学院日本研究所副研究员。主要研究领域：日本社会及中日韩社会比较研究，重点研究日本人口老龄化问题。主要研究成果有：《战后日韩、日朝关系》（专著）；参与了《21世纪初期日本的东亚政策》《21世纪日本沉浮辩》《日本的社会思潮与国民情绪》《日本军国主义论》等著作有关章节的撰写；发表《日本推动健康老龄化的经验及启示》《日韩两国居家养老服务比较及启示》《人口老龄化背景下韩国老年人力资源的开发》《日本开发老年人力资源的经验及启示》《日本老年福利设施的发展及启示》《日本护理保险制度探析》《日本高龄老年人医疗制度改革及启示》等论文数十篇。